ザ、コラム

小田嶋 隆

2006−2014

contents

1

Paint It, Black

2

Helter Skelter

3

Walk on the Wild Side

4

Take It Easy

まえがき

コラムと呼ばれる書きものは、その性質上、短期的な結果を求められる。同時に、掲載される雑誌なり新聞なりの誌面／紙面の中で、異彩を放つ義務を負っている。

結果、コラムの書き手は、批評よりは印象を、洞察よりは脊髄反射を、論考よりは断言を繰り返しがちになる。

無論、短兵急かつ痙攣的であり、揮発的ならびに短命であるなりゆきは、時事的たることを宿命づけられた短文にとって、他に選択の余地を持たない生き方でもあれば、ふさわしい死にざまでもある。が、そうやって書かれた文章をひとまとめに読んでみると、やはりどこか不自然な読後感が残る。私が自分の書いた連載コラムを書籍として出版するたびに、いつも気に病んでいるのはそのことだ。

本書は、個人所有のハードディスクの中に残っているテキストの中から、自分で読んでみて一冊の書物に集成するにふさわしいと感じたものを選んだ結果だ。あらかじめ短命であることを自覚したテキストであるコラムの中から、一定の時間を経てなお生命を失っていない原稿を選んだというふうに言い換えても良い。

ただ、自選コラム集とは言っても、ベストヒットアルバムではない。代表作というのともちょっと違う。本書に収められているのは、出来不出来よりは、個人的な偏愛をより強く反映した作品で、その意味では、独り言に近いものなのかもしれない。

いずれにせよ、書き手としてのオダジマが力をこめて書く原稿と、読み手としてのオダジマが好んで読む原稿の間には、いつも若干のズレがある。このことは、ムキになって書いた原稿が、読んでみるとどこか間の抜けた感じを与える一方で、適当に書き飛ばした原稿が、激しているように見えてしまうことと、深いところで関連しているのかもしれない。

そんなわけなので、読者諸兄には、ぜひ、くつろいだ気持ちで楽しんでほしいと思っている。

書き手の必死さには、できれば、目をつぶっていただけるとありがたい。

というのも、大真面目な顔をしているとき、あいつは、ふざけているからだ。

装丁　寄藤文平

1

Paint It, Black

天国への団塊

団塊。英語でマス。マス・プロダクション。マス・コミュニケーション。マス・マニュピレーション。そしてマスターベーション。

うん。たくさんだな。ゲップが出そうだ。できれば関わり合いたくないです。

でも、実際には、どうしようもなかった。なにしろ、すぐ前を歩いてるんだから。

関わるも関わらないも、われわれは、団塊の連中がまき起こす砂ボコリの中を歩くほかに選択の余地を持っていなかった。

団塊の世代を理解するためには、様々なアプローチがある。時系列に沿って観察すれば、戦後という時代をドライブしてきた運動、ないしは歴史的な現象としての彼らの特殊性が浮かび上がってくるだろうし、現時点での人口構成を縦方向輪切りにして分析してみれば、高齢化社会の末路が見えるかもしれない。

でも私はそういう方法はとらない。

あくまでも、団塊の後ろを歩いてきた人間の目から見た個人的なレポートとしてこの原稿を書き進めたい。

理由？

私怨、かな。

団塊は、なによりもまず、巨大な市場だった。それゆえ、彼らが歩く場所には、常にブームが起こる。ロックミュージック、モーターサイクル、ジーンズにTシャツ。おお、あの懐かしい「緑色革命」の世界だ。っていうか、先駆ユニクロ文明かもしれない。ユニ（単一・横並び・群れ志向）にしてクロ（同時代的・共振的）な民営人民服。世代標識としての長髪。文化的挑発。政治的徴発。

あの時代だけではない。ダッコちゃん、フラフープにはじまって、80年代の金曜日の妻たち、そして、現在のヨン様関連需要に至るまで、いずれも、団塊の購買力と行動力のタマモノだ。

マーケットの意志には誰も抗うことができない。

資本主義経済社会において、多数派である彼らは天然の絶対善であった。だからこそ、団塊の人々の政治的な志向や、文化的な好悪は、あらゆる段階で、常に全面肯定された。

しかも、彼らは労働力として圧倒的多数であり、票田として主流派であり、読者としてマジョリティーだった。

アレですね。永遠の勝ち組。年金踏み倒しを武勇伝として語ってしまえるメンタリティー。やんちゃ、ちょい悪を肯定的な資質として自慢できちゃう集団的厚顔無恥。徒党組んだら勝ちだからな、この国は。

強調しておきたいのは、彼らが「正しいから多数派になった」わけではないということだ。団塊は、「多いから正しいとされてきた」だけだ。このことを忘れてはならない。この国の社会システムは、昔から無理が通れば道理が引っ込む仕様になっている。だから団塊が通ればモラルが引っ込む。

団塊が子供だった時、団塊の親は子育てどころではなかった。教師たちは混乱して何も言えず、敗戦に意気阻喪したオピニオンリーダーは若い者をおだてる以外の言葉を持たなかった。と、この教育的・思想的・文化的真空の中で、団塊は、「オレが一番」「オレらって最高」という思想をその内心にすくすくと育てていった。いや、厳密に言えば、これは思想ではない。ギャングエイジの夜郎自大に過ぎない。「ジャイアニズム」（ドラえもんの登場人物「ジャイアン」が顕現する自己中心的なマッチョ思想）ってやつだ。またの名をミーイズム。今風に言えば、ジコチューぐらいだろうか。

ふつうの世界では、14歳時点でのオレオレ思想は、年長者にヘコまされることになっている。が、団塊の世界には、大人がいなかった。で、彼らは、集団ジャイアンとして世界デビューしたわけだ。団塊ジャイアンズ。常勝。だって、ヒット打つまで打席から離れないんだから。

戦争に負けるということは、単に領土や植民地を失うことではない。それは国家や共同体が持ちこたえていた価値や文化を、ほぼ全面的に否定されることを意味している。

団塊が育った戦後の原野では、戦前の規範や道徳が自動的に否定され、結果として、旧弊なモラルを逆方向に翻訳した思想が跋扈していた。

で、「欲しがりません勝つまでは」は「欲張りましょう負けてなお」という拝金強欲スローガンに変質し、「男女七歳にして席を同じゅうせず」は、「男女七歳にして床を同じゅうせよ」ぐらいなところに着地することとなった……というのは、うん、言い過ぎかもしれない。

でも、私の世代の者から見て、彼らの身勝手と助平は、ちょっと目に余る感じがしたのだよ。「時代と寝た女」だとかいう、恥ずかしくて穴があったら挿入、じゃなかった、はいりたくなるような比喩を多用するあたりを見ても明らかな通り、一体に団塊の人々は好色で、しかもそのことを恥じていない。のみならず、彼らは自らの性的放縦を誇示したりさえする。まさに目の上のきんたま。ええ、目障りでした。

彼らは、大学を「解体」した。が、再建はしなかった。であるから、われわれは、廃墟みたいな場所で勉強をせねばならなかった。高校も同様だ。私が通っていた都立高校は、ほとんどすべての進学教育と生活指導を放擲《ほうてき》した放牧場じみた空間になっていた。

とはいえ、私の最初の記憶では、全共闘は英雄だった。そう。中坊だった私にとって、全共闘の学生たちの破壊的な行動力と難解なボキャブラリーは、ただただカッコ良く見えた。スポーツの一流選手とエリートを兼ねたスーパーヒーロー。知的やさぐれ。思春期の男の子にとっては、神みたいなものだった。

ナンシー関が、糸井重里のコピーライター塾だかに通っていた過去を「一生の不覚」として語っていたことを思い出す。

そう。最悪の被害は、憧れたことだ。

それに比べれば、廃墟で学ばねばならなかったことなんてなんでもない。

めぐりあわせというのがある。

たとえば、一列に並んで博物館を見学する。と、先頭の生徒が、魅力的な展示（恐竜の卵の化石とか、サーベルタイガーの骨格標本とか）の前で立ち止まっている時、後ろの列の子供たちは、地味な展示物（フズリナの化石とか）の前で、待ちぼうけを食らう。ようやく恐竜の卵にたどりついて、さあ立ち止まって見ようと思うと、後ろから教師の声が聞こえる。

「こらあ、列を乱すな」

そういうめぐりあわせなのだ。

われわれ、団塊の後を歩む者たちは、全共闘が後の世に残した大学解体からゆとり教育に至る30年の知的空白に晒され、バブルの恩恵を享受した団塊の先輩たちから、崩壊のレンガ屑だけを相続し、アタマでっかちのベビーブーマーが受け取る退職金を捻出するべく、今日もサービス残業に従事している。

団塊の前に道は無い。

団塊の後には草も生えない。

そして、わたくしどもポスト団塊世代は、花火大会の翌朝の河川敷で途方に暮れるボランティアみたいな、およそ割に合わない役回りを担いつつ、気がつけば老眼年齢に到達している。

この先、われわれは、プロ野球解体の後始末を任され、巨大新聞社の葬儀に立ち会い、年金制度崩壊の尻ぬぐいに奔走することになるだろう。どっちにしても人手のかかるタイプのあれこれは、団塊のご老人たちの人口減少とともに、消滅に向かうことになるわけだから。

団塊消滅後の世界？

さあね。どうせ、大酒飲みでヘビースモーカーな団塊の人たちの方が、オレより長生きするんだろうから考えても無駄だよ。


（『日本の論点2006』（文藝春秋））

偽装ツッパリ層消滅の副作用について

今年に入ってから、朝青龍をめぐるあれこれやオリンピック関連のドサクサにまぎれてあんまり注目されていないが、子供をめぐるむごい事件が続いているように感じる。気のせいだろうか。

代表的な例をひとつ。たくさん並べても良いのだが、イヤな気持ちになるだけなので。

《食事をするのが遅いことに立腹し、長男の東京都江戸川区立松本小1年、岡本海渡（かいと）君（当時7歳）に暴行したとして、東京地検は12日、同区の電気工、岡本健二（31）と妻の無職、千草（22）両容疑者を傷害罪で起訴した。警視庁小岩署は両被告を傷害容疑で逮捕し傷害致死容疑で送検していたが、地検は「暴行と死に因果関係があるとは言えない」とし致死罪での起訴は見送った。これにより裁判員裁判の対象ではなくなった。》（毎日新聞２０１０年2月13日東京朝刊）

1．7歳の子の実母が22歳って……

2．学校は何をしてたんだ？　児童相談所は無力なのか？

3. 父親は実父じゃなくて、母親がキャバ嬢をやっていた時代の客だと。なんという典型的な。
4. 「暴行と死に因果関係が無い」って、じゃあ、自然死だとでも？

……と、この事件は、ツッコミどころが多かったためか、テレビでも話題になったし、ネット上の掲示板でもかなり長い間粘着の対象になった。

ひどい事件だった。

親が子供を殺した事件に対しては、軽めの判決が降りるケースが多い。このことは、子供が親を殺した場合に重い罪が科されがちであることと対照的だ。

戦前の民法には「尊属（↑子から見た親）、卑属（↑親から見た子）」という儒教由来の長幼の序列が設定されており、実際に、尊属殺人は、卑属殺人よりも重大な犯罪であるとされていた。

が、戦後の民法には、尊属、卑属の区別はない。

人は人。殺す場合も殺される場合も平等。そういうことになっている。

にもかかわらず、親による子殺しには「情状」が酌量される場合が多い。

「口減らし（↑貧困家庭が生存のために乳幼児を殺すこと）が半ば常態としてあった時代の名残り」だと言っている学者さんもいる。本当だろうか。いくらなんでも21世紀にこんな常識が残っているとは思えないのだが。

ともかく、子殺しは減らない。

ほかのあらゆるタイプの殺人が減少傾向にあるのに、なぜなのか、これだけ少子化が進んでいるにもかかわらず、親による子殺しだけが減っていない。ソースについては、そこいらへんをググってほしい(↑って、どういう書き方だ(笑))。これはどういうことなのであろうか。

この種の事件が起きると、「世相の乱れ」「地域共同体の崩壊」「若い世代の道徳的頽廃」「日教組が主導した個人主義教育の結果」みたいな結論に飛びつく人々が大きい声を張り上げる。まあ、まったく関係ないとは言い切れないのであろう。たしかに、地域共同体が機能不全に陥っているのは事実であるのだろうし、密室に取り残される孤独な親子の存在は、戦後社会の個人主義的傾向と無縁ではないのかもしれない。

とはいえ、戦前の古き良き日本に戻ればこのテの犯罪が減るのかというと、それはわからない。

いや、もしかしたら子殺し自体は減るかもしれない。

でも、その代わりに違うタイプの犯罪が増える気がする。

たしかなところはわからないが。

私の思うところを述べる。

子殺しは、非常に特殊な犯罪だ。

だから、こういう特例を材料として、そのことをもって戦後社会を断罪したり、現代の世相を否定するのは、適切な態度ではない。

無論、特例だからといって無視して良いということではない。

ただ、この種の「特例」は、世相一般や、若者の典型とは切り離して考えなければならないはずなのだ。

私が中学生だった頃、私の通っていた中学はいわゆる「荒れた」学校だった。

たとえば、こんなことがあった。

私が中学1年生に上がった年、学校のすぐ隣に、巨大スーパーが出店した。で、近隣の小中学生は、しばらくの間、物珍しさから、そのスーパーの中を遊び場にしていた。下りのエスカレーターを駆け上ったり、ただただ売り場を往復したり、エレベーターのボタンを押して逃げたり。まあ、他愛の無いガキの遊びだ。

が、中には、万引きをはたらく組の子供もいた。

ある時、一斉検挙があって、子供たちが芋づる式に補導された。

この時、私の中学の同学年の男子生徒が30数名補導されたのだが、念のために申し上げると、私の学年の男子生徒の総数は120名ほどだった。ということはつまり、私の同級生は3割以上が万引きでしょっ引かれたということだ。運良く捕まらなかった人数を勘定に入れると、あるいは、一度でもあの店で万引きをした生徒は、もしかして半数を超えていたのかもしれない。まあ、それほど、風紀がよろしくなかったということだ。

私の学校は地域でも特別に悪い部類の学校で、その意味では特例ではあった。が、昭和40年代当時の中学生（少なくとも東京の中学生）は、いまの中学生より、ずっと「悪かった」のである。

ざっと考えて、同世代のうちの2割は、いわゆる「不良」の姿をしていた。私の地域では3割がツッパリだった。

何の話をしているのかよくわからない人がいるかもしれない。

私が言いたいのはこういうことだ。つまり、昔は、不良にも「ライト層」が多かったのである。実際、私の仲間内の不良は、たいしたワルではなかった。ヘアスタイルをリーゼントにして、太いズボンを穿き、「チョンバッグ」と呼ばれるペチャンコの革カバンを持ち歩いている彼らは、たしかに見かけの上ではいっぱしの不良だったが、なあに実際にはたいした悪さをしていたわけではないのだ。

同じような格好をしたライバル校のツッパリに対して「ガン」をつけたり（睨むこと）、学校帰りにゲーセンにタマってダべったり、タバコを吸ったり、その程度だ。ちなみに言えば、私も特に不良だったわけではないが、タバコは15歳の時から吸っていた。

結局、戦後すぐから昭和50年代ぐらいまでは、優等生と不良の間に、なだらかな中間層が存在していた、と、そういうことなのである。

であるから、本格派のワルや、手に負えない不良がいても、その、どうしようもない非行少年たちは、孤立せずに済んでいた。

私の幼い時代の友人の中にも、最終的に暴力団の構成員になって刑務所のお世話になった人間が3人ほどいる。が、その彼らも、道で会えば、愛想良く挨拶をする。そういうふうに、マジな犯罪者と一般人の間にも、一定の行き来はあったりしたわけなのだよ。それが良いことなのかどうかはともかくとして。

現在、不良高校生の数は、激減したと思う。

タバコを吸いながら歩いているティーンエイジャーや、一見してヤバげな目つきで周囲を威圧している少年の数も著しく減少した。

だから、総体として、少年犯罪は減っているし、町の風紀も良くなっている。

しかしながら、その一方で、道を外れた少年は、同世代のコミュニティーから完全に浮き上がってしまっている。

たとえば、江戸川区の亡くなった子供の母親は、15歳で赤ん坊を生んでから後、同級生のコミュニティーや地域社会のセーフティネットからこぼれ落ちていたように見える。

父親も、だ。

結局、ライト層の不良という、コスプレ的な通過儀礼として10代の反抗を演じる非行少年たちが消滅したことで、本格派の不良は社会との接点を喪失した。で、一度コースを外れた若者は、立ち直りに向けての道筋を見失うことになったわけなのである。

もちろん、本格派の落ちこぼれを救うために、ライトな不良を育成しようとか、そういう話をしているのではない。

でも、とにかく、私の世代の人間から見ると、今の若いコたちはやっぱりなんだか哀れに見えるのだよ。カッコだけの中途半端なワルを楽しむことができないわけだから。

（「週刊ビジスタニュース」2010年2月）

上を向いてアルコール

G7後の記者会見で醜態（↑「もうろう会見」という名前で統一されつつある。いまさらだが）を晒した中川昭一財務・金融大臣は、2月17日付けで辞任した。*

辞任に至る経緯（帰国当日は続投表明↓翌日の午後「予算成立後の辞任」を示唆↓その2時間後「即時辞任」を表明）や、首相の任命責任についてはここでは述べない。

辞任という事態を得て以降、この件に関する論評は「死者にむち打つ」テの悪趣味に姿を変えつつあるからだ。というよりも、G7終了から丸3日間、当件についてのメディアの言及は、ほぼすべて死体損壊報道に終始していたと言って良い。

とすれば、その死体損壊祭りが一段落したタイミングで、この期に及んで私のような一雑感コラムニストが中川氏の会見について思いつきの見解を述べるのは、墓を掘り返すに近い作業だ。でなくても、バチ当たりだと思う。なので、黙ることにする。ただ冥福を祈ろう。合掌。

*…2009年2月14日、ローマで行われたG7に出席していた中川大臣が、会議終了後の共同記者会見で、朦朧とした状態で呂律の回らないしどろもどろの発言をするなど変調をきたし、海外メディアでも報道された。これに対する批判を受け、3日後の17日付けで大臣を辞任した。

飲酒疑惑への大臣の弁明（風邪薬の飲み過ぎ云々）についても同様。私は何も言わない。こういうことについて、直接に取材していない人間が何を述べたところで、たいした意味はないと思うからだ。

大筋は、新聞の社説が書いている通りだ。細かい点についても、テレビ内のキャスターやコメンテーター諸氏が漏らしていたあれこれでおなかいっぱい。議論は出尽くしている。要するに、この度の一連の出来事は、国際的な恥さらしであり、ばかげた逸脱で、それ以上のものではないのだし、政権末期に特有な程度の低い不祥事であって、まともな分析に値するような政治的事件ではないということだ。酔っ払いの寝小便と同じ。素早く布団を丸めて忘れようではないか。だから、さっさと辞任してほしい、と、マスコミの皆さんは、そうおっしゃっていたわけだ。

つまり、彼らは、罵っていただけで、たいして意味のある分析をしていたわけでもないのだ。でも、それで十分だ。

実際、この話題については、そもそも、関係各方面の人々が、それぞれの立場で罵声を浴びせるほかに、特に有効な対処法があったわけでもない。

というよりも、一点の曇りもなく全面攻撃できる数少ないネタとして活用できれば、せめて、メディア内にいる人間の精神衛生に寄与することはできるわけで、当件には、その程度の利用

晶文社　愛読者カード

お名前《ふりがな》	（　　歳）	ご職業

ご住所　〒

Eメールアドレス

お買上げの本の
書　名

本書に関するご感想、今後の小社出版物についてのご希望などお聞かせください。

ホームページなどでご紹介させていただく場合があります。(諾・否)

お求めの書店名		ご購読新聞名		
お求めの動機	広告を見て (新聞・雑誌名)	書評を見て (新聞・雑誌名)	書店で実物を見て 晶文社ホームページ〃	その他

ご購読、およびアンケートのご協力ありがとうございます。今後の参考にさせていただきます。

郵　便　は　が　き

恐れ入りますが、52円切手をお貼りください

101-0051

東京都千代田区
神田神保町1-11

晶文社 行

◇購入申込書◇

ご注文がある場合にのみご記入下さい。

■お近くの書店にご注文下さい。
■お近くに書店がない場合は、この申込書にて直接小社へお申込み下さい。
送料は代金引き換えで、1500円(税込)以上のお買い上げで一回230円になります。

宅配ですので、電話番号は必ずご記入下さい。
※1500円(税込)以下の場合は、送料530円(税込)がかかります。

(書名)　¥　(　)部

(書名)　¥　(　)部

(書名)　¥　(　)部

ご氏名　㊞　TEL.

ご住所 〒

価値しかなかったということだ。

ふだん、政治的経済的社会的芸能的な各方面の種々雑多な突発イベントに関して、奥歯にものの はさまった言い方を強いられているコメンテーターの皆さんにとって、この度の中川物件のような全面罵倒が許されるケースは貴重なストレス解消源なのである。

嘲弄愚弄揶揄罵倒指弾糾弾呪詛侮蔑非難論難冷笑誹謗……といった感じの画数の多いタイプのゲロを吐かないと身がもたない。たぶん、テレビの仕事には、それぐらいデカい負荷がかかっている。だから、古舘は、いつの間にやら、不機嫌な説教オヤジになってしまった。あの才能あふれる古舘が。もったいないことだ。うん。これは余談だった。本題に戻ろう。

コラムを書く場合、たとえば、今回の件については、大臣の飲酒を揶揄し、それに世襲批判の風味を加えつつ、結論部分に一回り屈折した憂国の情ぐらいなものをにじませておけば、それらしい原稿ができあがる。そういうことになっている。私が書くべき原稿も、基本的にはその線から外には出ない。

でも、そこまでわかりきっていると、あえて書き起こすのが面倒になる。

だって、主旨としては「辞めちゃえよ昭ちゃん」というそれだけなんだし。

ここでは、ただ一点、アルコールの問題について、見解を述べておきたい。

というのも、メディアに流れている論評を見るに、中川大臣の飲酒を「自覚の問題」というふうにとらえている向きがほとんどであるように見えるからだ。

違います。

あれは、病気です。

アルコール依存症は、本人の自覚で克服できるようなものではない。肺炎が気力では治らず、喘息が根性や意欲で抑えられないのと同じことだ。アル中さんの飲酒癖は本人の覚悟だとかみたいなことでおさまるものではない。覚悟でやめられるようなら、病名はつかない。ただの酒癖。だったら良かったのだが。

知らない人もいると思うので、一応説明しておく。

私はかつてアルコホリック（アルコール依存症の患者）であった。

20代の終わり頃から、30代の10年間は、ほぼ丸々酒浸りで過ごしていた。で、1995年の5月に断酒（うん、幻聴が出たからね）治療（心療内科のクリニックに半年通った）を開始して、以来、なんとか断酒を続行している次第だ。

「かつてアルコール依存症の患者であった」という言い方も、実は、間違っている。本当は「断酒中のアルコール依存患者」と書かなければいけない。10年断酒していて、ある日突然飲み始める例も珍しくないからだ。医者によれば、アルコール依存症は、治癒する病気ではない。「断酒し続けることで症状を抑えられる」と考えなければならないのだそうだ。以上の数行は、言ってみれば「わたくしごと」だが、予備情報として必要なのであえて書いた。読み終わったら忘れてくれるとうれしい。

で、その、かつて正真正銘のアル中さんであったオダジマの目から見るに、中川大臣がああいう事態に至ったのは、ごく自然な流れというのか、避けがたい必然だ。

なんとなれば、アルコホリックは、この度のG7のような、72時間以上ぶっ続けで続くような責務には耐えられないからだ。

アル中さんは、ある段階まで、世間をあざむくことができる。

どんな大酒飲みでも、24時間酔っ払っているわけではないし、酒を飲んでいない間じゅう手が震えているわけでもない（末期症状のアル中さんの中にはそういう人もいるが）からだ。また、すべてのアルコホリックが毎日大酒を飲んでいるわけではないし、酒が強いわけでもない。

週一の休肝日をきっちりと守っていて自分ではまともな酒のみのつもりでいるアルコール依存患者もたくさんいる。一日に日本酒3合程度しか飲まなくても立派なアル中になっている人間もいる。

つまり、量や頻度の問題ではないのだ。「飲み方」が依存的であるかどうかということが判断の分かれ目になる。私の主治医は、「アルコールとの関係障害だと考えるとわかりやすい」と言っていた。たしかに、アルコール依存症の患者は、「酒が強い」のとは違う。「酒が弱い」のとも違う。言ってみればわれわれは「酒に弱い」のだ。飲めば必ず倒れるまで飲み、飲むにつれて、人の話を聞かなくなり、飲んでいる時とシラフに返った時の人格の距離がどんどん乖離していく。そういう症状をかかえた病人なのだ。

末期に至る以前のアルコホリックは、少なくとも外面的には、一日の大半を紳士的な態度で過ごしてみせることができる。

適量のアルコールを適度なタイミングで摂取していれば、彼は、泥酔もせず、離脱症状（禁断症状）にも陥らない、快活で有能な自己像を演じ続けることができる。

だから、アルコホリックの中には、最終的な段階に至るまで、世間には気付かれない者も少なくない。

というのも、彼または彼女は、少なくとも勤務中は（昼休みや午後のトイレのついでに缶ビールを補給することがあるにしろ）マトモな人間であるかのようにふるまうべく、最大限の努力を傾けているからだ。

ただ、泣き所は、どうしても月に一回（あるいは症状が進むと週に一回）ぐらい、飲み出して止まらなくなる連続飲酒発作に見舞われることで、この期間だけは、どうにもならない。見知らぬ町の路上で目覚めるとか、体中あざだらけで小便を漏らしているだとか、真夜中に同僚に意味不明な電話をしていたとか、そういったタイプのトラブルを引き起こしてしまう。ある頻度で、ある程度以上の近しさの人々に向けて。

でも、アル中さんは、必死でそれをフォローして、なんとか真人間の評判を回復する。

何が言いたいのか説明する。

中川さんは、アルコール依存症の患者であった人間の目から見れば、明らかな同病者だということだ。

たまにしか会わない立場の者や、感覚の鈍い人たちは気付いていないかもしれない。が、家族や、部下やフォローする立場にある人や、ストレスのぶつけどころになっている立場の人々は、誰もがわかっているはずだ。大臣は、今回みたいな事件が起こるずっと前から、日常的にヤバい人だったのである。というよりも、「時々まとも」であるその数少ない機会に仕事をこなしていただけで、週のうちの半分は、面倒くさい酔っ払いであったはずなのだ。

アルコホリックがふつうのサラリーマンをやっている場合、早晩、正体が割れる。どんなにマトモにふるまっていても、酒臭いことだけは隠しようがないからだ。

ところが、主婦や、自営業者や、個室作業の職人や、医師や編集者といった、比較的自由なスケジュールで働いているアルコホリックは、相当に重篤な状態に立ち至るまで、世間をあざむいて仕事を続けることができる。政治家もそうだ。なにより、彼らにはたしなめる役割の人間がいない。たしなむ酒はあっても。

私自身、家族や親しい友人や、顔を合わせる機会の多い編集者以外の世間の人々の間では、おおむねマトモな人で通っていた（と、私がそう思っていただけかもしれないが）。

仕事も、最終段階まではなんとかこなせていた。時に原稿を落とすことがあり、スケジュールを忘れたり打合せをスッポかすケースが散見されてはいたものの、月に5本程度の原稿を書くことはできたからだ。だって、週のうちに丸一日きちんとしたアタマで働ける日を確保しておけば（あるいは、一日のうち3時間ぐらい、きちんとした人間でいる時間を作っておけば）それでやっていける仕事量（うん、減ってましたよ。順調に）だったわけだから。

さて、アルコホリックにとって、「紳士の時間」は逓減していく。

最初のうちは、「時々酔っ払ってどうしようもない」ぐらいだった人間が、「週のうち半分はマトモなんだけど」ぐらいになって、じきに「マトモな時もあるんだけどね」と言われる人間になる。

改悛期（定期的に訪れる。というのも、アルコホリックは定期的に致命的な失策をやらかすから）のアルコホリックは、人並み外れて謙虚だったり紳士的だったり献身的だったりするから始末に負えない。

『人間失格』の主人公について、太宰治は、登場人物の一人に「お酒を飲んでない時は、天使みたいな人でしたよ」と言わせている。

まったくのウソではない。

が、その天使みたいなアルコホリックには、滅多に会えない。

会えたとしても、その天使は、しばらくすると酒代をせびりはじめる。

大切なのは、アルコホリックにおける「紳士の時間」は、「ちょっと飲んでいる時」に暫定的な状態として訪れるに過ぎないということだ。

飲んでいない時のアルコホリックは、泥酔しているアルコホリックとは別の意味で、使いものにならない。

たとえば、酒の上の失敗に懲りて、3日ほど禁酒しているアルコホリックがいるとする。

彼は、マトモだろうか？

いや、全然使いものにならない。

離脱症状（禁断症状）に苛まれている、覇気のない病人に過ぎないからだ。

離脱症状には様々なレベルとバリエーションがある。

共通しているのは、不眠と抑鬱だ。

丸一日以上飲んでいない状態のアル中さんは、ほぼ間違いなく丸一日眠っていない。だから、いらいらしていて、無気力で、不機嫌で、攻撃的で、ひがみっぽく、神経質になっている。両手をこすり合わせたり、異常に汗をかいているかもしれない。人によっては手の震えが始まっている。

さらに禁酒を続けると、不眠期間が長くなり、動作がぎこちなくなり、手の震えが止まらなくなり、人によっては幻聴を聞き、幻覚を見る。

で、仕方なく飲むのである。

離脱症状（幻覚も幻聴も手の震えも抑鬱も）というのは、要するに酒を飲むために病気が脳をダマしている状態のことだ。

だから、離脱症状のさなかにあるアルコホリックは、酒に関して、正常な考え方を保つことができない。言葉を変えて言えば、アルコホリックの頭の中には、以下のようなフローチャートがビルトインされている。

「とにかく、この非常事態を乗り切るためには、一時的にでもこのイライラを解消しないといけない」

「でないと、マトモなカタチで仕事に取り組むことができない」

「そのためには、ちょっとだけでも飲む必要がある」

「なあに、飲み過ぎなければいいのだ」

で、飲むと、一時的に、シャンとするのである。困ったことに。

全然働かなかったアタマが、俄然活性化（そういう錯覚に陥るということでもあるが）して、どんどん仕事がはかどるわけだ。

中川さんは、この「禁断症状が出るほど酒が切れているわけでもなく、泥酔するほど酔いがまわっているわけでもない、軽微なほろ酔いの状態」の時に、政務をこなしていたわけだ。

これで、おそらく、国内の仕事はなんとかやれていたのかもしれない。明るいうちは、「たしなむ程度」の酒量で抑えながら、離脱症状を回避し、泥酔と二日酔いは勤務時間外にシフトさせるようにして、だ。

が、この度、G7のために外遊して、大臣の肉体は、疲労と時間外勤務と不眠のはさみ討ちにあっていた。のみならず、普段はなんとか時間外に追いやっている二日酔いタイマーが時差のために誤作動してしまった……と、おおむね以上のごとき状況であったのだと私は推察している。

帰国して後の記者会見は、あれは、泥酔とは別の相のアルコホリックの顔だった。

つまり、酒が切れた状態の、眠れていない、無気力で不機嫌で投げやりな離脱症状下のアルコール依存患者の顔だ。

おそらく、帰国して以来彼は、酒を飲んでいない。

で、そのこと（禁酒）によって、無力化していたからこそ、一日のうちに、3回も前言を翻して、3回の記者会見を開いたわけだ。

おどろくべきことだ。

3回の記者会見を見ると、回を重ねるごとに（つまり、酒が切れている時間が長くなればなるだけ）声に覇気がなくなっている。

最後の会見で、

「いまは飲む気分ではない」

といったのは、おそらく本音だ。

アル中さんは、好きで酒を飲んでいるのではない。ある程度症状の進んだ患者は、酒が自分の弱点であることを十分に自覚していて、酒に対して嫌悪感を抱いてさえいる。それでもなお飲まないと自分が機能しないことがわかっているから、嫌々飲む、と、自分でそういう自覚を持っている。クスリと同じだよ、とか。

まあ、病気だよね。考え方からして。

結局、中川さんが、もとの、酒浸りになる前の有能で頭の良かった中川さんに戻るためには、本格的に断酒する以外に方法はないわけだ。

3日や4日酒を抜いたところで、離脱症状でのたうちまわるだけで良いことはひとつもない。断酒をするならするで、どんなに短くても10年は酒を断たなければいけない。

そのためには、医者にかかって、断酒用のプログラムを作ってもらって、それに従った生活をする。

当然、仕事はできない。

3ヵ月ぐらいは、本格的な仕事は無理だ。

だって、離脱症状に苦しんでいるわけだから。

でなくても、離脱症状をコントロールするための向精神薬の影響下で暮らさねばならない。

政治の仕事は難しいだろう。

抗鬱剤を飲んでる政治家は、マズい。本人にとっても、支援者にとっても、あまり良い結果をもたらさないと思う。

私自身、抗鬱剤を飲んでいる期間は、まったくの別人だった。

うん。ある意味、陽気で活動的で素敵なヤツではあった。

でも、アレは、オレじゃなかった。

オレみたいな顔をした、体育会系のニコニコオヤジ。不気味なヤツだよ。いまになって振り返ってみれば。

肉体的な離脱症状を乗り越えても、精神的な依存は残る。これはおそらく人によって違うのだろうが、私の場合、無気力というどうにも対処しにくい気分がかなり長い間残った。

とにかく、中川さんは、やめられるものなら、きっぱりと酒をやめて、丸1年ぐらい休んでから出直すべきだと思う。

にしても、50歳を過ぎたアルコホリックが断酒するのは、非常に難しい。

成功率は、たぶん10％を切ると思う。それほどに厳しい事態だ。

確実なのは、北朝鮮あたりの収容所に入ることだ。あそこなら間違いなく断酒できる。

どうだろう、拉致被害者と交換で人質を申し出たらヒーローになれると思うのだが。

うん。冗談だ。忘れてくれ。北朝鮮に行くぐらいの覚悟がないと断酒はできないぞ、という叱咤激励ぐらいに受け止めて、中川さんにはぜひ立ち直ってほしい。いや、マジで。

（「週刊ビジスタニュース」2009年2月）

強姦マワしてよかですか？

最初に問題。次の数式を解釈せよ。

「184＋184＋184＋184＋184＋184＝1104」

いかがだろうか。単純な足し算だが。

ん？　おわかりにならない？

ははは。正解は以下の通り。

「いやよいやよはいいのうち」

念のために根拠を示すと「184」（↑いやよ：拒絶）を6回積算すると「1104」（↑いいわよ：受諾）になるという次第。つい先日ツイッターのタイムラインに流れてきた頓智だ。なかなかよくできている。

が、笑ってばかりもいられない。事実、笑っていない読者が3割程度はいるはずだ。いや、もっと大勢かもしれない。たぶん、女性読者の半数はカチンと来ている。

「男って、笑いがとれればオンナをどうにかできると思ってるわけ？」

「それ以前にまるで面白くないし」

「そうよね。こんな征服礼賛思想をユーモアだと思ってる時点でアウトでしょ」

了解。私が間違っていた。この種のジョークには、重大な副作用がある。その点は認めなければならない。でなくても、イヤだと言う意思表示をする人間は、イヤだと思うからそう言っているのであって、こういう場面での裏読みは、思想上のレイプであると言われても仕方がない。

しかるに「いやよいやよはいいのうち」なる命題の実体的な意味は、「そりゃ最初はイヤだの何だのと言うかもしれないが、なあに強引にコトに及べばたいていのオンナは黙ってしまうものだぜ」

ぐらいな鬼畜な経験則に由来していることになる。とすれば、この成句は、到底公共の場で言明して良い文言ではない。

それどころか、もう一歩踏み込んだ解釈をするなら、この言葉は、

「仮にレイプをしたところで、告訴に踏み切るオンナなんて少数派だぞ」

ぐらいな観察を含んでいるとさえ言える。

とてもじゃないが、オフィスの昼休みに女性社員の前で口外できる人生訓ではない。

実際、先月だったか、「これから犯す前に『犯しますよ』と言うか」と言って職を解かれた役人がいた。[*1] 当たり前の話だ。妄言を吐く時に「これから妄言を吐くぞ」と言おうが言うまいが、公の場でアタマの悪い発言をすればクビは突然に飛ぶことになっている。これまた当然だ。

なのに、更迭される人間は更迭された後でないと自分の置かれている立場を正確に知ることができない。阿呆というのはまことに哀れな生き物である。

興味深いのは、内柴正人選手が逮捕された案件[*2]についての、世間の反応だ。

経緯を振り返っておく。

事件が最初に報じられたのは11月の初旬だ。2011年11月8日付のasahi.comは、「柔道『金』の内柴氏、セクハラの疑い　熊本の大学が調査」という見出しで記事を書いている。

これが11月29日には「内柴客員教授を懲戒解雇　九州の大学、飲酒・セクハラで」（同じくasahi.com）という記事になる。大学の調査結果は、「クロ」と出たわけだ。

で、それから1週間後の12月6日には警察が動くことになる。「内柴正人容疑者を準強姦容疑で警視庁が逮捕」（同）。

この間、世間の受け止め方は、少しずつ変わっていった。

＊1…2011年11月28日、米軍普天間飛行場の移設問題に関する懇談会で、田中聡沖縄防衛局長が、環境影響評価書を提出する時期を政府が明言しないことに対し、「これから犯す前に『犯しますよ』と言いますか」と、女性を乱暴することに例えて応じ、翌日、不適切発言で更迭された。

＊2…アテネ、北京両オリンピックの柔道金メダリストである内柴正人が、コーチを勤める大学の女子柔道部員に対し、酒を飲ませ前後不覚になった状態で性行為を行い、準強姦容疑で起訴された事件。最高裁で懲役5年の実刑が確定した。

「セクハラ」事案として報じられていた頃は、テレビのワイドショーも及び腰だった。

「酒の上でのことだから」

「密室で起こった男女のことですからね」

「でも、真相はともかく、未成年に飲酒をさせたのはコーチとして……」

と、「軽率」「脇が甘い」ぐらいなところで手を打つ風も見られた。

それが、「懲戒解雇」→「準強姦で逮捕」となると、1ヵ月間の（あるいはもっと前からの）取材結果を吐き出すにいたる。

「余罪続々」

「悪評の数々」

公的な機関も、後に続く。

まず12月8日に熊本県が県民栄誉賞の取り消しを発表し、翌9日には中川文科相がスポーツ功労顕彰の取り消しを検討している旨を述べている。

仕方の無いところだ。

ところが、12月の10日、石原慎太郎東京都知事は、「都栄誉賞については?」と尋ねる記者に、開口一番「なんだっていうんだ」と応じ「あなたがたがたきつけている。メディアは喜ぶかもしれないが、法治国家なんだから。一種の人権侵害じゃないですか」といさめた。（12月

10日「週刊知事　東京・石原慎太郎」より）

さらに、閣下はこう続けている。

「逮捕されたといっても、これから裁判があり、無罪になるか有罪になるか分からない。表彰を取り下げるというのはフライングじゃないですか。もし無罪だったらどうするんだ」（同）

男気溢れるご意見と申し上げておこう。

知事閣下のコメントは、二重の意味で、「男気」を感じさせる。

まず、世間が一斉に懲罰に流れる中で、「疑わしきは罰せず」という刑法の基本原則に立ち戻った見解を示した勇気について、素直に称賛せねばならない。都知事の発言は、言いにくい意見だが、正論だ。世間の論調が右へならえで同調する中、こういう正論をサラッと言ってのける勇気は、さすがに並の神経ではない。

が、コトは単純ではない。

世間の逆風に抗して容疑者の人権を謳ったところまでは立派だった。が、その「人権」が一方において、被害を申し立てている女性の名誉を傷つけている点に、知事は思い至るべきではなかったろうか。

都民栄誉賞は、「法」ではない。「栄誉」だ。とすれば、法による裁きが、疑わしき容疑者に対して適用されないのは、法の精神からして当然であるのだとしても、都知事自らが与えた「栄誉」についていうなら、疑惑の濃さを理由にその行方を考慮するぐらいなコメントをしても良かったはずだ。

知事が、示した「男気」は、うっかりすると、「男の論理」「男根主義」の論拠になる。

すなわち、

「オンナどもがグダグダ言ってやがるけど、そんな発言に耳を傾ける必要は無いぞ」

という根強い蛮声に勢いを与えるおそれがあるということだ。もちろん、知事の発言がレイプを擁護する意図で述べられたものでないことは重々承知している。が、それでも、レイプ志向の連中は勇気を得るのだよ。

実際、ネットの掲示板には、見るだにぞっとする意見が大量に投稿されている。

「売名だろ」

「っていうか、未成年とか言いつつ、自分の意思で酒飲んだわけだろ?」

「男を部屋に入れた時点で容認と考えるのが普通だよな」

「そもそも、男のいる席で前後不覚になるまで酒を飲んだということは、私を自由にしてくださいってことなんじゃないのか?」

「普通に付き合ってて捨てられたから復讐とかそういうセンもあるんじゃないか?」

……と、こんな調子だ。

思うに

「いやよいやよはいいのうち」

は、単なる弁解や認識不足ではない。

ひとつの信仰だ。

この言葉を奉ずる者は、レイプを犯罪とは見なしていない。男らしさの発露だぐらいに考えている。そういう救いようのない男根信仰みたいなものが、ある一群の男たちを支えている。もしかすると、柔道を柔道たらしめている思想の中にも、その種の考え方が、含まれているかもしれない。

司直の判断を待ってからでも遅くはないが、柔道界は、内柴選手に、厳しい処分を下してほしい。

教育的指導では足りない。

一本でもまだ不十分だ。

「獣欲業を制する」（これもツイッターから拾ってきたネタなのだが）の看板を背負って全国の道場を謝罪行脚するぐらいな「恥辱」を与えるべきだ。ぜひ。

（「ウェブロンザ」２０１１年12月14日）

アドのまつり

「広告批評*」が休刊するのだそうだ。

なるほどね、と言おう。

ずっと前から予想がついていたみたいな口調で。ふむ、と。

実際に、予想がついていたのかどうかはともかく。

だって、「広告批評」がわれわれに教えてくれたのは、「何事につけて、わかったふりをしておこうぜ」という態度だったわけだから。「いつもわかったような顔つきを保ち続けることが、もののわかった人と思われるための秘訣だぞ」と、私は、あの雑誌から、そういうメッセージを受け取っていた。で、実際、天野祐吉は、いつでも「わかった人」として、コメントしていた。殺人事件から、経済指標、グルメ、ファッション、ジャズ、映画、文学、生理用品まで。広告を批評する人間は、全世界を批評できるんだぞみたいな、そういう誤解を定着させることに、あの人たちは成功していたわけだよ。天晴れ、広告卑怯――というのは、言い過ぎだな。訂正する。批評広告。

正直に言うと、私は、びっくりしている。まさか、広告批評が休刊するなんて、予想すらしていなかったから。

どうしてなんだろう。

ここでは、その理由を分析してみたい。なぜダメだったのかという、広告屋さんたちが決してしないタイプの分析作業を、誰かがせねばならないはずだから。っていうか、批評という立場から撤退するのなら、「広告批評」は、自分たちの撤退について、まず存分に批評的な分析をせねばならなかったはずなのだ……とか、そういう難しいことを言うのはやめよう。そもそも批評なんかじゃなかったのかもしれないわけだからね。批評という商売。一種のメタ広告としての疑似批評広告、と。

代理店の人間は、勝つ理由についてなら、ヤマほど理屈を並べることができる、そういう人々だ。一方、敗因分析はからっきし苦手だ。売り上げに直結しない分析は、あの業界では無視されるから。

しかしながら、オレら構造不況業種の申し子であるところの出版界の人間である私は、むしろ、敗因分析を本業としている。後智恵。愚痴。あるいは、死者に鞭（↑「支社に無知」by Atok)。あんまり生産的ではないが。

とにかく、ここしばらく、広告に関しては、あまりパッとした話を聞かなかった。やれ広告

＊…1979年、天野祐吉、島森路子らが創刊した月刊誌。広告をひとつの文化的表現ととらえて批評し、さらに音楽、文学、映画など他分野の文化と結びつけて語る編集方針が支持を集め、80年代におけるサブカルチャー隆盛の一端を担った。

制作の単価が安くなっているとか、新聞の広告売り上げが右肩下がりだとか、伝わってくるのはそんな話ばかりだ。テレビもひどい。なんでも、今年にはいって、民放各局のスポットCM売り上げは、軒並み、前年比で十数％下落しているらしい。

たしかに、テレビ画面に出てくるCMは、この10年ほどの間に、驚くべき水準で劣化してきている。私のような素人の目から見ても、映像そのものにカネが掛かっていないのが丸わかりだ。

ラインアップも、パチ屋、サラ金、尿漏れパンツ、老人向け年金保険、墓地、入れ歯安定剤……と、10年前だったら画面に出すことさえはばかられていた商品が、目白押しで並んでいる。それもゴールデンの時間帯に、だ。

新聞広告もひどい。

スッポンだの鹿の角だのから出来ていることを謳った怪しげな健康食品、先物取引に自己啓発研修、あるいはマルチまがいの浄水器みたいなものの広告が、一流とされている新聞の紙面に堂々と掲載されている。

折り込みの形で挟まってくる広告はある意味、さらに破壊的だ。地域によって多少の差はあるだろうが、どっちにしても地域密着型の詐偽まがい。SF商法や売り逃げ店舗の開店チラシ。催眠商法のバラ撒き広告や試供品詐偽の釣り用チケット。駅前の呼び込みみたいな調子のダミ声。ひどい。

以上のごとき次第で、「テレビで宣伝している会社だから一流だ」「新聞に広告が載っている商品だから大丈夫」といった感じの昭和の常識は、すでに瓦解している。というよりも、20歳から下の若い人々は、瓦解もなにも、はなっから広告に対して憧れを抱いていない。

思うに、広告批評の休刊はこういうところから来ている。つまり、「メガ広告の終焉」だとか、「広告媒体の多様化」だとかいったそれらしい分析以前の、モロな「広告」の破産という事態が、広告批評を休刊に追い込んだのであって、「広告」という作業そのものが信用を失ったことに、私どもは注目せねばならないのである。

知り合いの広告関係者に言わせると、うちの国の広告は、ほとんどまったくドメスティックな枠組みで作られているがゆえに、予算規模自体が、国内限定のケチくさい枠に縛られている。であるから、ナイキだとかアディダスみたいな会社が世界数十ヵ国に配信することを前提に作っている予算何十億の広告作品とは、はじめっから勝負にならないらしい。なるほど。だから、天気待ち（野外撮影の場合、良い映像を撮るために、最適な光を求めて好天を待つものらしい）もろくにできていない、安い光で撮った、ショボい映像が、無防備で茶の間に流れているわけだ。

で、その、ホームビデオで撮ったみたいなチープなCMを見ながら、若い連中は、広告業界への憧れを、徐々に喪失して行った——これが、バブル崩壊以後の20年ぐらいの間に起こったことの真相なのだと思う。

私が若者だった頃、広告業界は、学生や若いサラリーマンにとって、まさに憧れの職場だった。クリエイティブで、おしゃれで、高収入で、将来性があって、自由で、経費使い放題で、最先端で、女にモテて、育ちの良い同僚がいっぱいいる、とにかく、あらゆる点で、最高の就職先に見えた。

広告作品自体も、なんだか時代をリードしているみたいに見えていた。なにしろ、「作品」と呼ばれていたぐらいだから。実態は宣伝媒体に過ぎないくせに。

結局、広告は「広告」を広告することに成功していたわけだ。広告業界は、「広告業界って最高だぜ」というプロパガンダを定着させ、「広告が時代を変えるんだぜ」というお題目をまんまと実体化し、そうやって、本来は流通の末端にいるはずの仕事を、経済界のトップに位置しているかのごとくに見せかけていたのだな。

だから、広告業界には、ワナビーがたくさんいた。

なんとかして広告に関わりたいと願っている、そういう若い業界予備軍の存在が、広告の単価を上げ、広告人の地位を押し上げ、彼らの社会的地位を幻想上の殿上人たらしめていたのである。

20世紀のある時期まで、若いヤツは、誰もが皆、広告関係に就職したいと願っていた。それゆえ、姿形に自信のあるタイプのおねえちゃんたちもまた広告の周辺に蝟集《いしゅう》した。

と、「広告には才能が集まる」というプロパガンダは、じきに一定の真実を含有するに至る。ひとつの世代のうちの一番優秀な組がこぞって広告業界に集中するみたいなことが、実際に起こっていた時代があったのである。

と、才能と収入と世評と外国製乗用車に引き寄せられる形で、女とコンパと酒とコネクションが業界に集中して、最終的に業界は、一種の仮面舞踏会へと昇華していった。

かくして、広告業界は、広告会社の社員が最も典型的なエリートであるという風評を作ることに成功し、そうした風評の裏付けに、「広告批評」を利用していたわけだ。広告作品を「批評」可能な独立した表現であるかのごとく扱うための媒体として。

他人のふんどしで相撲を取りながら（↑つまり「クライアントのカネでモノを作っているくせに」ということ）、生活のリスクを負うこともなく、制作費は丸抱えで、そのくせ手柄だけはパトロン抜きで独り占めしようとする、そういう話だったわけだ。そもそものハジメから。

もちろん、広告が時代を反映しているということはまぎれもない事実だ。

が、だからといって、広告がひとつの独立した表現として評価されるべきであるのかどうかは、また別の話だ。

広告批評が、あくまでも業界紙として、たとえば鉄鋼新聞や月刊住職みたいな位置づけで、業界人オンリーの雑誌として出版されていたのなら、それはそれでオッケーだと思う。業界の人間が、あくまで業界内の情報として読むのであれば、それなりに、有用な情報も提供できたと思う。

が、広告批評は、もっぱら業界ワナビーに向けて作られていた。

文芸誌が作家志望の青年向けに刊行され、ロック雑誌が単に音楽業界人向けにではなく、むしろロケンローラー予備軍を含む、音楽と無縁なティーンエイジャー向けに出版されていたのと同じように、つまり、一種のスターシステムの象徴的媒体として、だ。

が、そういう時代は終わった。

だって、ワナビー自体が、消滅してしまったから。

広告業界は、中にいる人々にとって、素敵な場所だった。

とはいえ、素敵なことばかりが起こっていたわけではない。

電通や博報堂に憧れて試験を受けた野心家の多くは、意味のわからない理由で落とされていた。その代わりにまんまと入社していたのは、一部上場企業の重役の息子や、テレビ局の関係者だったりした。癒着ともたれ合いだ。うちの国の標高の高い場所ではいつも同じプロットが展開される。そういう宿命なのだ。

で、広告批評が言っているみたいな、ハイブローでアーティスティックでクリエイティブでハイファッションな作業はともかくとして、業界は、ホイチョイが描いたところそのままの腐敗ぶりを露呈しつつ、徐々に調子を狂わせ、そうこうするうちに、不況と国際化のはさみうちにあって、絶対に国際化できない宿命を担ったうちの国の広告は、いつの間にやらもとの木阿弥の三流業界に立ち戻ってしまったわけですね。ええ、ざまあみろです。

あ。最後の一行は取り消し。忘れてください。分析を装った記事で、本音が露呈してたりするのって、最悪だからね。

（「週刊ビジスタニュース」2008年6月）

後期高齢者の未来

後期高齢者医療制度*は、福田内閣の息の根を止めるかもしれない。末期低迷内閣終了制度。衆院山口二区の補選の結果次第では、何が起きてもおかしくない。でなくても、この医療保険制度が、自民党の伝統的な票田である高齢者の間で不人気なことは、動かし難い事実だ。少なくとも私の周辺にいる年寄りは、ほぼ例外なく感情を害している。

個人的な感想を述べるに、ここまで評判の悪い施策は「売上税」以来だと思う。

きっとひどいことになる。

もう少し長い目で見たのだとしても、おそらくそう長くない先に、制度か内閣かのいずれかが瓦解することになるだろう。そうならないのだとすると、高齢化社会が崩壊する。

ん？　狙い通り？　まさか。

私は保険制度に詳しい者ではない。医療の専門家でもないし、政策通でも税制通でもない。でも、わかるのだな。この医療制度がロクな結末を迎えないという程度のことは。

だって、「後期高齢者」という言い方があまりにも無神経過ぎるから。

なにしろ、「後期」には、「時系列」が含まれている。ここのところが単なる年齢の表現である「高齢者」と本質的に違っている。つまり、「後期」というからには「前期」が想定されているわけで、全体として、「後期高齢者」という用語は、その内部に「前期から後期に至る時の流れ」を含んでいるのである。

それゆえ、「前期」は「初期」からの引き続きということになるし、「後期」は、「末期」に至らざるを得ない。で、「末期」は、当然「死」を以て終了しないわけには参らぬのである。であるからして、以上のなりゆきから、「後期高齢者」は、これはもう、「もうすぐ死ぬ人」としか了解のしようがないわけです。

「邪推だ」と言う人があるかもしれないが、私はそうは思わない。

お国の上の方の人々が、わざわざ「後期高齢者」という新しいレッテルを案出してまで、その名のもとに統合された人々を一般の国民や通常の高齢者と別枠の保険制度で処理しようとしている以上、そこには当然、何らかの思惑があるはずなのだ。おそらくは「生産しないくせにカネばっかりかかる先の無い連中は、別枠の医療制度にハメこんで行こうぜ」ぐらいな意図が、だ。

ガス室とは言わない。が、三途の川医療制度ぐらいではあると思う。

渡し船の渡し賃は年金から天引き、みたいな。

＊…２００８年４月１日、75歳以上の高齢者が加入する「後期高齢者医療制度」がスタートしたが、「後期高齢者」という呼び方が失礼だとの批判を受け、福田康夫首相の指示で、厚生労働省は制度開始当日に「長寿医療制度」との通称を用いると発表した。

ひどい話ではないか。

さかのぼって言うなら、私は、「厚生労働省」という役所の存在自体に、そもそも違和感を抱いていた。

というのも、「労働省」と「厚生省」は、そもそもまったく別の役所であって、担当していた業務からして、元来統合できる筋合いの仕事ではなかったはずだからだ。

それをあえて統合したのは、おそらく、お国が「厚生」という概念を「労働」の下位に置きたかったからだ、と、そういうふうに私は類推（邪推だと思うならそう曲解してもよろしい）している次第だ。

たとえばの話、農林水産省と防衛省を合併する方が、スジとしてはずっと良いと思う。

農水防衛省。

自衛隊の諸君には屯田兵たる原点に立ち戻っていただいて、食料安保を視野に入れた、よりグローバルな活動をしてもらう。なんなら環境省を混ぜても良い。農水環境防衛省。エコでバイオな軍隊。竹槍に鍬。蓑笠部隊。国策肥溜め兵器とか。味噌テロとか。

話を元に戻す。

ともあれ、行革を進めていた連中のアタマの中には、労働政策を厚生事業よりも上位に置きたい気持ちがあった。なにしろ官僚だから。どうしたって国民を機械の部品だとか将棋のコマぐらいに考えないとおさまりがつかない。いやな野郎だなあ。

彼らの感覚では、「労働省のナワバリが労働力の管理と生産にあるのだとすると、厚生省の仕事は、その補修とメンテナンスぐらいになる。ってことは、こいつらって一緒にできるんじゃね？」てなことになる。

で、その種の労務管理由来の国民訓育思想からすると、「後期高齢者」は、「定年後労働者→減価償却を終えた労働機械→不良中古機械→廃品」ぐらいな扱いになる。要するに、「労働力としての寿命を終えた、生産も消費もしない、国民経済にとって、お荷物でしかないマイナスの経済単位」ということだ。これ、オレが言ってるんじゃないからね。官僚の内心をオダジマが斟酌してテキスト化してるだけだということを、ぜひご理解ください。

「厚生」の立場から考えると、老人であれ病人であれ、あるいは幼児であれ障害者であれ、彼または彼女が国民である限りにおいて、彼らの生存を保証し、そのクオリティー・オブ・ライフの向上をはからねばならない。というよりも、老人であり病人であれば、なおのこと国はその人々の福祉のために最大限の努力を傾注することになっている。それが「パブリック・ウェルフェア」ということだからだ。

一方「労働政策」の見地から見れば、大切なのは労働力の再生産であり、労働マシンとしての国民の機能向上であり、労働市場ないしは工場としての国の生産力増強だ。とすれば、寿命を終えたマシンに修理のコストをかけることは、資源の浪費……ということになるのだと思うぞ。たぶん。オレの試算では（笑）。

さてしかし、「後期高齢者」という言い方は、どうやら、学問的にはきちんとした筋目の言葉であるようだ。

というよりも、そもそも人口学や老年学と呼ばれる学問の世界では「75歳未満の高齢者（65〜74歳）」を「ヤング・オールド」、それ以上の高齢者（75歳以上）を「オールド・オールド」と呼んでいるのだそうで、「後期高齢者は」、その「オールド・オールド」の訳語（「ヤング・オールド」は「前期高齢者」）であるに過ぎない。で、行政用語としても昔から使われている。なるほど。

でも、それとこれとは話が別だ。学術用語として通りが良くても、お役人が内輪の会議で使う行政用語としてオッケーが出ていても、対国民向けのPRとして、こういう言葉をナマで使ってしまう神経は、やはりヤバいと申し上げねばならない。

行政学の学者や人口動態を研究する研究者が統計としての人口を相手にする時の気分は、生物学の研究者がラットやマウスの腹をサバいているのと同じことで、要するに「数字」に過ぎない。

統計学者が、人間を「バラバラと生まれて、じきに病気になって死んで行く不特定多数の物言わぬ生命群」という定義で処理しているのだとしても、それがアカデミズムの範囲内のできごとであるのなら、それはそれで一向にかまわない。

というよりも、むしろ、そういうふうに対象を非人格化して「モノ」として扱うからこそ、学者は研究をすすめられるのだ、と言えば言える。

だから、人口学の学者は、女性を「生む機械」と考え、経済学の学徒は、国民をホモ・エコノミクスの集合体と見なす。医者だってそうだ。疫学的なデータを相手にする時、いちいち個々のデータの人生なんか考えない。

でも、一国の大臣が国民に新しい医療保険制度を提示する時に、「後期高齢者」なんていう言葉を使って良いはずがない。

このデンで行けば、「瀕死保険制度」「準終末医療」「ポックリサポート」「安楽死ソフトランディング医療」「即身成仏促進制度」「極楽往生メディカル」みたいなお話もアリになる。

思うに、「後期高齢者医療制度」の問題点は、その名称に、お国の思惑(つまり、「どうせじきに死ぬ連中なんだからたいした保障はできないよ」ということ)が露呈してしまっていたことにあるわけだが、彼らの思惑そのものが間違っていたのかというと、そこのところでは議論は分かれるのだと思う。

つまり、高齢化社会をめぐる医療と保険の話は、どっちにどう転んでも憂鬱な展開をたどらざるを得ないからだ。

より大きな支払い能力を備えた、より若くてより豊かな国民に、より大きな負担増を強いるのか、受益者負担の原則を徹底して、現実に医療を受ける老人たち自身にケツを持って行く（っていうか、結果として払えない人たちの自然死を促すことで医療費そのものの削減をはかる）のか、でなければ、消費税の税率でもアップするなりして、医療費のアナを埋めるのか、いずれにしてもどこかに痛みを持って行かなければ、話は落着しないからだ。

してみると、この問題について、歴代の内閣（およびメディア）が説明を放棄してきた気持ちもなんとなくわかる。だってどういうふうに説明してみても、耳に聞こえの良い話はできそうにないからだ。

で、「後期高齢者」みたいな、衣の下の鎧が透けて見えるみたいなひどい言葉が漏れ出てしまったわけだが、深読みをすれば、あるいは、これ（つまり、あえて「後期高齢者」という年寄りの余生に冷水をぶっかける言葉を使ったこと）は、わざとなのかもしれない。

「ひどい時代がくるぞ」と、このことだけは国民にわかってもらわないと、この先、政策が立案できない……みたいに考えている連中が、永田町の中にはけっこうたくさんいると思う。松下政経塾の連中とかは、特に。

この件について、舛添厚労相は「それ（年金保険料をめぐるゴタゴタ）とこれを結びつけて、情緒的に反応するのはいかがなものか」と発言している。

なるほど。舛添さんらしいものの言い方だ。

いや、メディアの報道や、われわれ国民の反応が「情緒的」だとする舛添さんの分析はそんなに間違ってはいない。

実際、みのもんたの番組とかは、ベッタベタに情緒的なわけだし。

でも、「情緒的」という言葉を、大臣が国民に向けて使うのは、いかがなものなのか。

「後期高齢者」という用語の使い方と同じで、「無神経」ということになろうかと思われるがいかがなものであろう。って、この「いかがなものか」という言い方自体、非常にいかがなものかと思うのであるが、どうなんだ？

ともあれ、東大を出た人の口から出た「情緒的」という評言は、「バカ」という意味で受け止められる。舛添さんは、このことをよくおぼえておいた方が良い。

というよりも、私の耳には、舛添大臣の言葉は、「保険制度の複雑さも医療制度のやっかいさもなんにもわかっちゃいない無知でアタマの悪いお前らが感情だけで発言してるんじゃやねえよ」というふうに聞こえる。

情緒的な反発というそしりを恐れずに言うなら、「理知的」なあんたたちがやっていることがあまりにも「官僚的」で「冷酷」で「事務的」だと感じるから、オレらだって「情緒的」に反発せずにはおれないのであって、国民をして情緒的たらしめているのは、あんたら為政者の責任なのである。

舛添さんという人は、評論家としては、歯切れが良くて明晰で、優秀な人だった。

が、大臣としてはダメだと思う。

大臣は、歯切れが良かったりしたら言質を取られてやっかいなことになる（か、でなければ、前言を翻さねばならなくなる）わけだし、明晰さを表に出せば、国民をバカにした印象を与える。それになにより評論家的な優秀さ（つまり、実務より分析に走るテの手腕）は、官僚の反発を招いて、大臣としての仕事を泥沼に引きずり込んでしまう。

「後期高齢者医療制度」は、福田首相の発案で、「長寿医療制度」と呼び変えられることになりそうだが、こういう脊髄反射的な名称変更は、二つの別の保険が並立するという誤解の温床になるんではなかろうか。

でなくても、イメージ回復策としても既に手遅れだと思う。

「後期高齢者」と、一度そう呼ばれてしまった後では、どんなに素敵な響きのタイトルで言い直されても、白々しさがただようばかりだ。むしろ、適当に年寄りの機嫌をとっておこうとする意図が憎々しい。

どうせおべっかを使うなら、セレブシニア医療制度とか、そこまで言った方が良い。

いっそ、アリコに丸投げで「これからだ」でも良い。

ま、主旨としては「これまでだ」なわけだが。


（「週刊ビジスタニュース」2008年4月）

いじめの一歩

いじめ報道が過熱している。

勘違いしてはいけない。過熱しているのは「いじめ報道」であって、「いじめ」そのものではない。いじめはいじめ。いつも通りだ。いじいじと、じめじめと、今日もまた静かに、あるいは高らかに、日本中のいじめっ子たちが、日々の標準活動を繰り広げている。この種の日常的ななりわいは、一朝一夕の間に倍増したり消滅するものではない。いじめはいじめ。報道がどうであれ、今日もまた同じ場所で、同じようないじめが、同じメンバーによって繰り返されている。十年一日。継続は力ずくだ。

一方、いじめ報道が白熱するなか、いじめ議論が沸騰し、いじめ談義が過熱し、その結果、ムードに乗った自殺や、暗示にかかった後追いが続いている。

WHOは、自殺報道について、自殺者の美化と、自殺方法の詳述を避けるとともに、報道そのものの自粛を強く促している。が、メディアには耳がない。現場の人間は、誰もそんな話は聴いちゃいない。で、今日もまた、自殺の方法が微に入り細をうがつ形で紹介され、殉教者のプロフィールをエモーショナルな語り口で伝説化するポエトリーリーディングのごとき報道が繰り返されている。なんともいたましいことに。

収穫がなかったわけではない。たとえば、各方面から、いじめに関して、様々な見解が収集できた。これは、今後に向けて、貴重な資料になる。たとえば、２００6年11月12日付けのサンケイスポーツは、武田鉄矢氏のこんな談話を載せている。

「いじめる奴を説教しても変わらない。問題はいじめられる奴で、大事なのはいじめられる奴を鍛えること」

11月10日の記者会見での石原都知事の発言もよく似ている。

「自分で戦ったらいい。ファイティングスピリットがなければ、一生どこへ行ってもいじめられるのではないか」

この人たちが強調したいのは、たぶん、言葉通りの主張もさることながら、「偽善」を排する態度なのだと思う。すなわち「いじめっ子だけを一方的に悪者扱いにする偽善的な態度からは何も生まれないぞ」といった調子の、より実践的（に見える）なアプローチだ。

なるほど。一見、現実的な見方だ。

が、武田・石原両名の主張は、結果として、いじめを「いじめられる側の問題」に帰着させてしまっている。そこが問題だと思う。とても。

もちろん、一理はある。

いじめっ子にしても、すべての相手をいじめているわけではないわけで、とすれば、彼らも相手を選んでいじめている。と、このことはすなわち、「いじめのターゲットになる子供たちの間には、一定の特徴がある」ということを意味しており、この話を敷衍すると、最終的に、いじめの「原因」の少なくとも一部は、いじめられる側にある、という結論に至る。その意味で、武田・石原談話には、一定の真実が含まれていると言って良い。

が、仮に、いじめの「原因」の一部が、いじめられっ子の側にあるのだとしても、いじめの「責任」が、被害者側にあるわけではない。当然だ。資産家であるということが盗賊に狙われる原因の一部を構成しているのだとして、だからって、盗難の責任が被害者の側に帰せられて良いはずがないではないか。

そんなことを言ったら、「レイプされた側にもスキがあったはずだ」式の、セカンドレイプ（性犯罪者を免罪せんとする社会的圧力）とまったく同じ話になってしまう。

それに、いじめられっ子がいじめられる理由は、「弱いから」「ウザいから」「トロいから」といった、ネガティブな性質だけではない。美人であったり、アタマが良かったりということだってイジメのきっかけになり得るし、もっと単純に、転校生であったとか通学路が一人だけ別だったとか、偶然に類する事情がいじめを誘発するケースもある。要は「多数派」が「少数派」に対して暴力を発動するという事情において、理由なんかいくらでも転がっているということだ。

というわけで、武田・石原発言は、主旨はわかるにしても、加害者を免罪し、被害者に不当な責任を負わせている点で、著名人がメディアを通して語る見解としては、お粗末に過ぎる。すみやかに退けられねばならない。

いじめは、単なる暴力ではない。よくある子供同士の軋轢というだけのものでもない。いじめの最も顕著かつ深刻な特徴は、それが、「集団が個人に対して発動する暴力」だという点だ。しかも、ここで言う「集団」は、必ずしも、集団内の個々の成員一人一人を意味していない。むしろ、「場の空気」といった感じの、非人格的な、責任の曖昧な「雰囲気」が、暴力を主導しているところに、この社会的病理の不気味さがある。つまり、いじめをドライブしているのは、いじめっ子本人たちの個人的な意思ではなくて、むしろ、「尻馬に乗る」「空気を読む」「場から浮かないために皆がやっていることに同調する」といった、わたくしども日本人に特有な「横並び意識」そのものであったりするのだ。

その意味では、「いじめ自殺」の現場を囲むメディアスクラムもまた「いじめ」の一種と言うことができる。というのも、彼らは、「同業他社との横並びを第一に考え」たうえで、「過剰報道の尻馬に乗って」取材相手のプライバシーに介入し、「絶対に反撃できない相手」に対してマイクを向け、カメラを構えているからだ。

誰も望んでいない忘年会が毎年開かれていたり、誰もが面倒に感じている贈答の習慣が一向に消滅しないでいるこの国の病理といってしまえばそれまでだが、武田・石原両氏が、思わずいじめっ子の側をかばいたくなった理由のうちにも、こうした「世間」の圧力が、少なからずあずかっていたはずだ。

人々は「いじめっ子だって好きでいじめてるわけじゃない」ということに、うすうす気づいていて、それゆえ、どこにも悪者を見つけられないこの議論の行方に苛立っている。また、メディアが展開している責任追及の論調に対して、うさんくささとうしろめたさを感じてもいる。だから、武田・石原説のような、被害の責任を被害者のケツに持って来るような暴論にカタルシスを感じる人々もまた、皆無ではなかった、と。うん、いやな国だなあ。

この国では、いじめ被害は、「世間から浮いた」という意味で、「恥」と見なされる。

一方、いじめ加害者は、「空気を読んだだけ」だと思っていて、あまり責任を感じていない。のみならず、自分がいじめっ子であった過去は、一種の武勇伝として通用している。

こうした「恥辱」の感覚を踏まえて、人々は、いじめについて語る時、被害者へのシンパシーを本能的に隠そうとする。特に、メディアにマイクを向けられると、人々、特に男たちは、自分の「いじめられ属性」を必死になって否定しにかかろうとする。

で、武田・石原両氏などは、

「オレは、いじめられる側の人間ではない。メジャーで、魅力的で、リーダーシップを持った、空気の読める、友達の多い男だ」

ということをアピールしたがる余り、いじめっ子擁護の論陣に傾いた、と、そう見るのはうがち過ぎであろうか？

いずれにしても、

「いじめっ子より、いじめられっ子の方が圧倒的に少数派なんだから、結局、問題はいじめられっ子の側にあるってことなんじゃないのか？」という数をたのんだ類推や、「良い悪いは別にして、いじめられっ子って、なんか恥ずかしいよね」式の村八分感覚が、居酒屋いじめ談義では、主流派を形成している。

「同調」を絶対善とし、「孤立」を「悪」とする、集団主義の教条。いじめ被害者を同調脱落者として蔑む「勝ち組」の勝利宣言。

結局、いじめられないためには、いじめる側にまわらないといけないということなのか？そんなにオレらの社会は腐っているんだろうか。

（「週刊ビジスタニュース」2006年11月）

いまさら星野仙一をマナ板に乗せてどうしようと言うのか。

確かに、WBC監督問題[*1]は終わった話だ。星野氏本人の資質についても、週刊誌誌上で議論(←星野氏本人によれば「バッシング」ということになるが)が一回りして、既に結論(「消えろ」ということ)が出ている。

でも、近い将来、星野問題は、必ずや再燃する。そんな気がする。

なんとなれば、来たるWBC(ワールド・ベースボール・クラシック)において、原ジャパンが優勝するとは限らないからだ。

というよりも、確率論的に言って、原監督とそのチーム(←「サムライジャパン」と呼ぶことになったようです)は、8割方、優勝できない。ベスト4に残れない確率も5割ぐらいはあるし、アジアシリーズで力尽きる可能性すら2割やそこいらは残っている。つまり、順当に行けば、原ジャパンは「負ける」のだ。

と、優勝できなかったすべての場合において、

「ほーら、やっぱり星野にしておけば」

式の議論がまき起こる。これは避けられない。だって、星野派は滅び去ったわけではなくて、

時にあらずと思って雌伏しているだけなのだから。

サンスポあたりは、おそらく予定稿を書き始めている。「ニュースゼロ」も原ジャパン惨敗の想定で構成原稿を用意している。もちろん、仙一氏本人も、「原バッシングを」擁護するカタチの談話の中で、「負けた監督に対するメディアの非難が、いかに理不尽で残酷なものであるのか」を訴えるつもりでいるはずだ。で、最終的には、「原よ。言いたいヤツには言わせておけ。掛け値無しの真実は、ベンチの中央を占める孤独な指揮官にしか分からないのだから」ぐらいなところに着地するシナリオを思い描いているに違いないのである。

とすれば、その時（星野復活シナリオ発動の瞬間）に備えて、こちらもそれなりの準備をしておかなければならない。

戦術的には、星野仙一が水に落ちた犬の構えでいる今この時にこそ、思い切りそれを叩いておこうということだ。手負いのキツネを森に放ってはいけない。完全に息の根が止まるまで、踏みつけておかねばならない。二度と巣穴を掘り始めないように、だ。

＊1…2008年北京オリンピックで金メダルを目指した星野監督率いる日本代表が4位に終わり、その翌年に控えていた第2回WBCの監督人選問題が紛糾。星野監督続投か否か、野村克也、江夏豊、渡邉恒雄、イチローらの発言もあり、議論が週刊誌上をにぎわした。

この度の「星野バッシング」は、北京五輪の惨敗を受けて始まったもので、表面的には、彼のチーム運営や采配を批判する議論だった。

が、本質は違う、と私は思っている。真実は、もっと深い場所に隠れている。

単に、負けた監督に対する戦術的な批判や、チームの運営法をめぐる戦略上の議論であったのなら、こんなに長引くこともなかったし、これほど盛り上がることもなかった。っていうか、うちの国の野球ジャーナリズムは、戦術論で読者を引っ張れるほど成熟していない。

別の言い方をするなら、野球というのは、そもそも一年間をかけてペナントを争う不確実性のスポーツ（←優勝チームでさえ、6割台の勝率しかあげられない。それほど、実力差が結果に表れにくい競技だということ）なのである。だから、トーナメントの短期決戦で実力を決するようなことは、原理的に不可能なのだ。その意味で、北京の惨敗について、星野氏が担うべき責任は、せいぜい半分までだ。残りの半分は、勝利の女神の気まぐれ。っていうか、丁半バクチ。それだけの話だ……と、年季の入った野球ファンは、この程度のことは、わかっている。

にもかかわらず、彼らの一部が星野を批判してやまなかったのは、星野が負けたからではない。星野が星野だったからだ。

さよう。この度の、星野氏をめぐるすったもんだは、「星野」という御輿を担いで商売をたくらんでいた勢力と、彼らが用意した「星野」という物語のうさんくささに辟易し、それの撤回と滅亡を望んだ側の人々による、かなり根の深い暗闘だったのである。
だからこそ、星野の側に立つ人間たちと、それを葬り去ろうとする人々の間で闘わされた議論は、白熱し、迷走し、ネットを巻き込んだ一大ムーブメントとなって、最終的には球界のちゃぶ台をひっくり返さずにおかなかった次第なのである。

ざっと経緯を振り返っておく。

1. 北京五輪惨敗：ま、時の運。細かいことを言えば色々と問題はあったが。
2. 采配批判勃発：ダルビッシュ起用法、岩瀬の続投、GG佐藤のポジション、川崎、新井の怪我、などなど。
3. 星野反論：帰国後の成田到着ロビーにて記者会見「失敗してもチャレンジするというのがオレの人生。それをたたくのは時間が止まっている人間だよ」と。
4. ナベツネによる擁護：WBCの監督問題について「星野くん以上の人物がいるかね？いるなら教えてくれよ」と語る。
5. 出来レース：10月の中旬、WBCの監督を選任する有識者会議に委員の一人として招かれた野村楽天監督が「出来レースちゃうんか」と、会議の内幕について一言。
6. 最強：星野監督で一本化されそうな流れを受けて、イチローが「本気で最強のチームを作ろうとしているとは思えない」と発言。

7．辞退：野村発言、イチロー発言、ネット上での星野批判の盛り上がりを受けて、星野氏が、自身のブログ上で、WBC監督の依頼を辞退する意向を表明。「パパ一人、こうまで悪者にされて……」という娘さんの発言を引用しつつ（笑）。

8．追い打ち：週刊Pでは、江夏豊氏による《星野仙一「WBC監督辞退」の真相は「鉄拳制裁」醜聞だ！》という旨の暴露記事を掲載。

9．一矢：サンスポの阪神コラム「虎のソナタ」に、星野問題総括の記事が載る。《要するに最有力候補に「星野仙一氏」という空気になったとたんに外野席がうるさくなった。後講釈で理由はなんとでもつくが、ズバリ「男の嫉妬」がウズ巻いていた。五輪に負けたことでこんなにひどい批判という名の〝みそぎ〟を受けさせられるとは星野氏は想定外だったろう》《イチローさん、これでご満足ですか。一選手の発言が『監督のクビ』を飛ばしたのです。すごい時代になったもんだ。下克上…昔、阪神に巣食っていた〝亡霊〟が生き返ったのか…と思いましたョ》だとさ。

引用が長くなってしまったが、私としては、読者の皆さんに「色々な経緯があった」ということを知っていてほしかったのだ。決して、「バッシングがあって星野が辞退した」という単純な流れではなかったということを、だ。

いまのところは、星野退場で幕が降りているかに見える。が、ここに至るまでは、様々な紆余曲折があった。種々雑多な観測気球が上がり、あれやこれやのプロパガンダが発動され、アジテーションが炸裂し、奇妙な説得が流れていたのである。

星野氏自身について、思わぬ方向から復活の狼煙が上がったりもした。で、もう一歩のところで「星野リベンジ物語」というシナリオが動き出す運びになっていたのである。おそろしいことに。

星野バッシングの流れを「男の嫉妬」と決めつけるような原稿が、全国紙の紙面に掲載されたりもした。

おどろくべき記事だ。

いったい誰が星野氏に嫉妬をしたというのだ?

江夏豊氏か?

野村克也氏か?

理由は何だ? どうして彼らが星野氏に対して「男のシット」を燃やさねばならなかったというのだ?

監督候補として名前が挙がらなかったから?

星野氏みたいにメジャーなテレビ局の専属になっていないからか?

無論、批判を「嫉妬」と決めつけるテの記事に影響を受けるほど、日本の野球ファンはおバカではない。2ちゃんねるの捨て台詞じゃあるまいし。まったく。チラシの裏以下じゃないか。

とはいえ、この種の低次元な立論は、スポーツ新聞読者の批評レベルが、ある限界より下に落ちた瞬間(↑具体的に言うと、原ジャパンが惨敗して、野球ファンがトチ狂った状態に陥っているしばらくの間)に、あるいは、不気味な力を発揮することになるかもしれない。

つまり、

「負けた時に足の引っ張り合いをしていたのでは、日本の野球は強くならない。こういう時にこそ、球界が一つになれる人材を」

てなことで、またぞろ星野が引っ張り出されてくることは、案外あり得るぞ、ということだ。

ボロ負けに直面したファンは、一時的に、愚かな人間になる。

私は、それを恐れている。

老婆心だと思うかもしれない。が、老婆にとって、明日はとても近い。ほとんど昨日と区別がつかないほどに。

思うに、星野仙一は、日本プロ野球界に巣食う古い体質にとっての、最後の切り札の如き存在だ。巣食いの主、みたいな（笑）。

昭和の時代を通じて、ずっと長い間、野球の周辺には、常に封建ニッポンの残り香がまとわりついていた。たとえば、戦前の一時期を軍隊で過ごした人々や、戦後生まれでも、体育会的秩序の中に自らの青春を捧げたタイプの人々は、野球のうちにある戦前的な要素に郷愁を抱いている。というのも、古い歴史を持つ団体競技である野球は、その発生当初から、軍隊の教練を模したトレーニングを取り入れ、軍隊ライクな秩序と精神性を柱に発展してきたスポーツだったからだ。

なにしろ、右翼手、左翼手、遊撃手といったポジションの名前から、死球、捕殺、二重殺のような戦術上の用語にしてからが、既にして軍隊用語だったりするのだ。

ついでに言えば、野球における「塁」は、白兵戦における「塁」（防塁：戦術上の橋頭堡、ないしは土で作った砦）とほとんど選ぶところがない。そんな中で、攻撃側の選手は、「塁」を確保しつつ吶喊《とっかん》してくる突撃兵そのものであり、防御側の選手は、基地（ベース）にあって敵を迎え撃つ防人に相当する。すごい。

要するに、だ。野球は、人間をコマに使った軍人将棋みたいなゲームなのである。

とすれば、指揮官が兵士に死を求めるのは、これは歴史の必然であり、兵が将に求める要素が「献身に値する父性」ぐらいなことになるのもまた、理の当然ということになる。

死と侵略をめぐるロマン。

無論、こんな議論は、ファンタジーだ。

それも、はるか昔に滅びた、古くさい軍靴のニオイのする、カビの生えたファンタジーに過ぎない。

現在、この種のメタファーは、若い選手にはまるでアピールしない。アピールしないどころか、お笑いぐさだ。

が、野球ファンの一部には、今なお、チームに軍隊の幻を追い求める人々がいることは事実で、そういう彼らの目から見て、星野仙一が、最後の将軍に見えていることもまた、おそらく事実なのだ。島岡人間力野球[*2]の衣鉢を継ぐ黄金の人間力野球。明治の父の如き威容……と、それが、私にはうっとうしいのだよ。「サムライジャパン」だとかいう、間抜けなキャッチもさることながら。

いいかげんに近代化しようぜ。でないと、今度こそ本当の終わりだぞ、と、そういうふうに私ども野球の古くささに辟易してきた古手の野球ファンは、プロ野球の行く末を懸念しているのである。

もっとも、星野氏の軍隊式野球そのものは、その実、単に古くさいだけのものではない（と思う）。

が、星野野球それ自体の戦術や采配については、ここでは論評しない。私はその任ではないから。野球経験も無い一運動音痴が、こんなところで半可通の識見を振り回しても仕方がないわけだし。

ここでは、星野氏の処世について語る。

星野氏一流の処世術は、彼の背景を見事に演出せしめている。

それゆえ、星野氏は、数社の一流企業のCMキャラクターに収まり、そのことで球界の集金構造の一端を担う存在に登り詰めた。で、事実、WBCのスポンサーとなっている企業のいくつかは、星野氏の個人的スポンサーと重複している――ということは、つまり、星野仙一を後押ししているのは、老野球ファンの郷愁だけではないということだ。むしろ、野球に理解を示す財界人を糾合するための御輿として、星野仙一氏を利用せんとする一派がいたと言った方が実態に近いのだと思う。

それはそれで良いのだ。

＊2…1950年代から80年代にかけて、明治大学野球部を率いた島岡吉郎は、鉄拳制裁と情の力で選手を教育・指導する極端な精神主義野球で知られ、そのスタイルは「島岡式人間力野球」と言われた。星野仙一は島岡門下で、「明治大学島岡学科卒業」を自認する師弟関係。

野球はカネが無いと動かないわけだし、代表監督にとって、スポンサーを集めてくることは、ある意味で、ベンチで選手を操縦する能力よりもずっと重要な任務だ。その意味で、星野を推す人々が、彼の人脈や財界コネクションを重視したことは、必ずしも的はずれではない。

さよう。重要なのは、星野氏の処世だ。

彼が、支持されている理由は、おそらくそこにある。

「あいつは、世渡りが上手い」

と。だから、

「代表チームの監督として、国際舞台に打って出る人物は、なにより世渡り上手であるべきだ」

という見識は、それはそれで一理あると私もそう思っている。

でも、それはそれとして、私は、星野氏がその処世上、ずっと看板として掲げているドラマに、どうしても乗ることができないのだな。

具体的に言うと、私は、彼がある時期から掲げて来た「男・星野」という仮構に、ずいぶん前から食傷していたのである。それに、オリンピックに先立って「星野の夢」を商標登録しているみたいな、そういう彼自身の抜け目の無さが、なんだか信用できないわけです。

若手選手に対して鉄拳制裁を辞さない秋霜烈日な指導を繰り返す一方で、ベテラン選手やコーチ陣の夫人連の誕生日を暗記し、その誕生日にはバラの花を贈る気遣いを怠らない繊細さを併せ持っている。

とか。

そういう話も、聞き飽きたのだな。もう何年も前から。

母子家庭に生まれ、人生半ばにして伴侶（奥さん）の死に遭遇したという、民放でドラマ化されがちなプロットのドラマ性も、だ。

こういう種類の悲劇性をまとった「父性」に憧憬を抱く者が、今の時代にも少数ながらいることそれ自体は、理解できないでもない。

が、「理想の上司」を尋ねるテのアンケートの上位に、必ず星野仙一の名前がランクインしていることは、これは、鵜呑みにするわけにはいかないと思っている。メディアは、スポンサーのために動いているわけだし、そのスポンサーは、星野を通して何かを成し遂げようとしている存在であったりするからだ。

いや、邪推かもしれない。

でも、私は信用しない。

保険会社や、カレーの会社や、胃薬の会社は、星野氏が「理想の上司」だから起用している、と、事実は、その通りなのかもしれない。

でも、私の目には、保険の会社や、カレーの会社や胃薬の会社が広告会社と結託して、星野氏を「理想の上司」に仕立て上げている、というふうに見える。

だって、そういうことにしておけば、関係者の全員が得をするから。野球ファン以外の全員が、ということだが。


結論を述べる。

星野氏については、その「鉄拳」がいけない、と私は考えている。

問題外。指導者以前の問題だ。これまでの、議論は、前置きに過ぎないと言い直しても良い。

ともあれ、21世紀の人間は、どんな理由であれ、下の立場の者に向けて暴力を発動する人間を容認してはいけないのである。

私自身、オトナになる前に、かなりの頻度で「鉄拳」を浴びて来た側の生徒だった。その経験から申し上げるに、「体罰」は教育ではない。

もっとも、熱意の暴走として思わず「体罰」を繰り出してしまう、善意の熱血教師という位置づけのキャラクターが皆無なわけでもない。が、生徒以上の痛みを感じながら生徒を叩く教師は、必ず、自らの暴力を反省し、謝罪する。だから、彼らの体罰は、繰り返されない。

星野仙一氏の鉄拳は、確信を持って繰り出されている。あれは、組織運営上の手段として恐怖の支配を援用するための確信犯の暴力だ。こんなものを容認するわけにはいかない。

うになった。

「鉄拳」体質については、ある時期から（たぶん、阪神に移ってから）、突然報道されないよ

もちろん、中日で監督をやっていた時代も、鉄拳についての記事は、ごく控えめにしか出て来なかったし、記事化される場合でも、「熱血の行きつく果ての鉄拳」「男星野、情熱のコブシ」ぐらいな、講談調の文脈で語られるのがせいぜいではあった。

21世紀に入って後、ジャーナリズム的に、体罰は、どの角度からどう描いても弁護のしようの無い指導メソッドになり下がってしまって、それゆえ、記者は一行も触れられなくなったということであって、星野氏の暴力が終息したわけではない。

この件については、マーティ・キーナート氏が興味深い記事を書いている。「キーナート」「燃える男」「鉄拳制裁」ぐらいで、ググってみてほしい。「中村武志」「眉毛」でググっても良い。面白いテキストが読めると思う。

原ジャパンは、おそらく優勝できない。*3

でも、原ジャパンの敗北に伴って発生する、原バッシングは、たいして盛り上がらないはずだ。なにより、原辰徳は、涙目の似合う日本一の謝罪キャラだし、それに、日本の野球ファンは、

*3…結果は、原監督率いる「サムライジャパン」が、決勝で韓国を5対3で下しWBC連覇を果たした。

この20年でずいぶん成熟したはずだから。

もし、原辰徳が人格攻撃含みの猛バッシングを浴びて、星野待望論がマジで力を持つのだとしたら、今度こそ私は日本の野球を見捨てようと思う。

勝てば無問題なわけだが。


（「週刊ビジスタニュース」2008年11月）

嫁いびりとしてのドルジ包囲網

朝青龍は、取材現場の人々に嫌われている。報道を見るに、そう判断せざるを得ない。というのも、朝青龍の進退について語る人々のほとんどが、「引退」を前提に話を進めているからだ。それも、見込みや予想というよりは、個人的な願望を語るカタチで、だ。つまり、角界の関係者や現場の記者は、横綱朝青龍の引退を「望んで」いるのだ。

どうしてなのだろう。

なにゆえに、朝青龍はこれほど嫌われてしまったのだろう。

まあ、横柄なのだろうな。

で、日本の運動記者は、横柄なアスリートに慣れていない、と。

この国のマスコミ人は、運動選手に対する敬意を持っていない。心のどこかで、自分たち大学出の記者の方が人間として上だと思っている。

一方、外国人であるドルジは、「取材させてやっている」という態度を隠さない。

と、当然、両者の間には、相互軽蔑を孕んだ緊張関係が生じる。

ま、嫁と姑みたいなものだな。

というよりも、日本のスポーツジャーナリズムは、そもそも、ヨメいびりが主体の監視装置

であるのかもしれない。であるから、

「あら、ユミコさん。食後のお散歩？　優雅で良いわねえ」

と、オフになるとそういう感じの記事がやたらに目立つことになるわけだ。

私自身は、ドルジ（朝青龍のモンゴル名。ファンの間での愛称でもある）が好きだ。素行や資質に色々と問題があることは承知しているが、そうした問題を織り込んだ上で、彼の相撲とパーソナリティには代え難い魅力があると思っている。

が、そう思う人間ばかりではない。スポーツ新聞の書き方も冷淡だが、ワイドショーの扱い方はさらに底意地が悪い。

たとえば、場所前の出稽古の後、相撲解説者の舞の海氏に対して、朝青龍に「顔じゃない」と放言した事件があったが、この時は、ほとんどすべてのテレビ局が朝青龍を一方的に攻撃していた。


経緯は以下の通り。
1．その日の出稽古で朝青龍は明らかな不調。18番取ってグダグダ。
2．車に乗り込む折、朝青龍に舞の海氏が「横綱、まだ引退しないでくださいね」と声をかける。

3. 朝「顔じゃないよ」と一言。

4. 横綱の暴言に周囲は凍りつく。

……と、以上のようなストーリーなのだが、問題は、「顔じゃないよ」だ。

前々から思っていたのだが、朝青龍の日本語運用能力はそこいらへんの勉強不足な高校生よりはずっと優秀だ。もしかしたら麻生さんよりも上かもしれない。それほど、彼の発言には味がある。

ここで言う「顔」は、相撲取りとしての「格」、すなわち番付上の地位を意味している。

翻訳するとこうなる。

「あんた(↑幕の内最高位が前頭であったに過ぎない舞の海氏)は、オレ(↑現役の横綱である私こと朝青龍)に対して、競技上のアドバイスをできる立場の人間なのか? 違うだろ?」

そう。朝青龍は相撲界の「格」を踏まえた上で、「顔」というニュアンス豊かな日本語を使いこなしてみせたのである。

率直に言って私は感心した。

記者の見方は違う。

「地位が低かったとはいえ、角界の先達であり、一回り以上年上の先輩に当たる元力士に対して、言葉が過ぎるのではないか?」

というのが、その日の報道の大勢だった。

たしかに、そういう側面はある。ドルジは空気が読めない。

でも、ファンの目から見れば、彼の良さは、そこにある。つまり、その場その場の感情を隠さない正直さと、立場に縛られない闊達さこそが、朝青龍の最大の美点なのである。じっさい、窮屈なしきたりや、わかりにくい慣例が渦巻いている大相撲の世界で、敢然、自分勝手を押し通している朝青龍の姿にシンパシーを感じている若者は意外なほど多い。

この日の出来事でも、見方を変えれば、そもそもの問題は、舞の海氏の発言にあったというふうに見ることだってできる。

だって「横綱、まだ引退しないでくださいね」という言い方は、表面上の礼儀は踏み外していないかもしれないが、内容としてあんまり意地が悪いではないか。

考えてもみてほしい。

進退をかけて初場所に挑もうとしている力士に向かって、それも、出稽古で散々なデキだった直後に「引退しないでくださいね」だぞ。これは、イヤミ以外のナニモノでも無いんじゃないのか？

でもまあ、先輩にイヤミを言われたり、記者に意地悪をされるのは、ドルジの側にも問題があるからで、要するに、彼のような存在は、秩序を守って生きている人々にとって、神経にさわるのだ。

その気持ちは、私にも少しはわかる。ドルジみたいな人は、遠くから見物するには良いが、実際にナマで付き合うということになると、きっとシンドイのであろう。

友達を見てもよくわかる。

細木数子、亀田一家、本田医師、石井慧、中田英寿、室伏広治……と、こうして列挙してみると、朝青龍の人脈に連なる人々は、いずれも毀誉褒貶の激しい個性派ばかりだ。良く言えば自由人、悪く言うと独善家。皆、ドルジに似ている。いずれも観賞用。付き合う対象ではない。

ともあれ「温順柔和な朝青龍」とかは勘弁。見たくもない。

（「アサヒ芸能」2009年1月29日）

2

Helter Skelter

日本語の短兵化傾向について

日本語が乱れているというお話は、実は、私が子供だった時分から、ことあるごとに繰り返されてきた指摘で、私個人は、その話題をあまり大真面目には受け止めていない。

おそらく、明治の日本人も、江戸時代や鎌倉時代の人々も、多かれ少なかれ、「日本語が乱れている」という感慨を抱いていたはずで、このことはつまり、人々の言う「言葉の乱れ」が、必ずしも語彙の崩壊や文法の瓦解を意味していたわけではなくて、むしろ、私たちの使っている言葉のある部分が、時流を反映しながら、変化し続けてきたことを物語っているのだと思う。

その「変化」を古い世代の人間は、「乱れ」というふうに受け止め、若い世代の人間は、「多様化」ぐらいに考えている。たぶん、それだけの話だ。

ただ、インターネットが登場して以降、日本語に起こっていることは、それ以前の日本語の「変化」とは、かなり意味合いが違う。

以下、その話をする。

インターネットの普及がもたらした影響のうちで、最も重要なのは、多くの日本人が、1日に何通ものメールをやりとりし、四六時中スマホの画面を「読む」ようになったことだ。このこと（一般人が「読み書き」する機会を多く持つようになったこと）は、主に書き言葉としての日本語に、ふたつの小さからぬ変化をもたらしている。

ひとつは、一般の（つまり、「職業的に文章を書く人間ではない」）日本人の、文章作成能力の平均値が向上したことだ。

これは、わりと気付かれていないポイントだが、明らかな事実だ。いまの若い人たちは、誰でも、短い文章であれば、自分の意思を過不足なく伝える基礎的な技巧を備えている。30年前には考えられなかったことだ。

事情としては、カラオケに似ている。

カラオケというツールが登場する以前、市井の日本人は、人前で歌う習慣を持っていなかった。ひとつの歌をマトモに歌う機会自体、学校を卒業すると失われるのが普通だった。

それが、カラオケが登場して、あっという間に普及してみると、この国では、よほどシャイな人か、並はずれてケチな人間を除いて、誰もがマイクを握って歌うようになった。

と、結果として、日本人の平均的な歌唱力は、各段に向上したわけだ。

もっとも、文章に話を戻せば、私よりも10年以上年長の人々は、日常的に手紙やハガキを書いていた世代で、だから、それなりの文章力を持っている人々ではあった。

その彼らから見て、私の世代（この秋で58歳になります）の人間（テレビと電話で育った世代ですね）は、箸にも棒にもかからない「文痴」（文章の音痴）だった。

覚えているのは、いまから30年ほど前、さるラジオ局で、ラジオから流れてくるニュースを1行に要約してノートに記録する「ニュースモニタ」という作業に従事していた折り、私を含めた学生アルバイトの誰もが、慣れるまでの1週間ほど（長いヤツは1ヵ月）の間、ほとんどまったく適切な要約文を書き起こせなかったことだ。それほど、テレビ&電話世代の若者の文章力は、低迷していた。

その点、メールを書き慣れている現代の若者は、短い文章であれば、自在に書きこなすことができる。

さてしかし、その一方で、平均的な日本人が目にする文章の水準は、低下している。

不思議ななりゆきだ。

誰もが文章を書くようになり、国民の文章力の平均値が向上しているのなら、その彼らが読む文章の品質もまた、向上していて良さそうなものなのだが、現実には、巷間に溢れる文章のクオリティーは、低下しているのである。

なんとなれば、多くの人が文章を書くようになるということは、一般の人々の読む文章の多くが「素人」の文章になるということでもあるからだ。

昭和の時代、一般人が読む文章は、書籍であれ、雑誌であれ、新聞であれ、大半は「活字」だった。「活字」すなわち、印刷された文章は、少なくとも「プロ」の書いた文章ではあったわけで、なにより、商業出版物は、どんな水準のものであっても、「編集」の目を通過していた。この違いは大きい。

そんなわけで、もっぱら「プロ」の書いた「活字」を読んでいた昭和の人間の文章に対する鑑識眼は、現在の、液晶画面の上の文字を眺めている人々に比べて、ずっと水準が高かった。

たしかなデータを取ったうえで言っていることではないが、現在、ごく一般的な若い人が「読む」文章の大半は、「素人」の書いた文章になっているはずだ。

彼らは、LINEやショートメールや、フェイスブックのメッセージを、それこそ30分ごとにチェックせねばならない。そうでないと、世間なみの付き合いに追随できない。それ以外にも、ウェブのまとめサイトに目を通し、ツイッターの書き込みを確認しておかないと話題について行けなくなる。となると、とてもではないが、活字を読んでいる暇はない。というよりも、そもそも彼らは、読むものにカネを払う感覚を持っていない。

若い人たちにとっては、偉い先生の立派な文章より、仲の良い友だちの近況や、可愛いあのコの顔文字付きメッセージの方がはるかにありがたいのだ。まあ、当然ではあるが。

で、ちょっと面白いことが起こる。

ツイッターや掲示板を眺めていると、若い人たちの使っている日本語に対して、中高年の人間が、「言葉が乱れている」という主旨の苦言を呈している場面に遭遇することが珍しくないわけなのだが、さて、虚心に文章のデキを比べてみると、言葉の乱れを指摘している中高年の文章の方が、乱れを指摘されている若者の書き込みより、日本語としてデキが悪かったりするのである。

どうしてそういうことが起こるのか。

中高年のインテリは、文章を見る「鑑識眼」を持っている。読書量は、若い人たちよりずっと多い。読んできた本の傾向も、正統的な教養に属するものだ。であるから、文章の品格にはうるさい。

が、自分で書くことは苦手だ。そもそも文章を書いた経験が乏しい。だから、書くとなると、力の入った悪文を吐き出すことになる。

一方、若者は、活字教養への憧れやコンプレックスを持っていない。だから、目指すべき文章の「型」も意識していないし、「文体」を云々する美意識とも無縁だ。

それでいて、小ネタを書くセンスはある。子供の頃からずっとやってきていることだけに、達者だ。笑いも取れる。文体模写もできる。なにしろ実戦派だから。

なるほど。

とすると、結果を鑑みるに、果たして、日本語は、「乱れ」ているのだろうか。

簡単には断定できない。

ひとつだけ言えるのは、インターネット上の文章は、射程が短いということだ。「射程が短い」という言い方には、二つの意味がこめられている。

ひとつは、時間的なスケールが短いということだ。

ネット上に発表するテキストは、書き手が書く時間と、それを読者が読むタイミングとの間にタイムラグが無い。ついでに言えば、読み終えたテキストについても、保管され、読み直され、読み継がれる未来はあまり期待されていない。つまり、ウェブ上の文章は、ごく短時間で消えていく、揮発性のコンテンツとして配信されているということだ。

もうひとつの「射程」の短さは、序論から結論に至るまでの行数の短さだ。より具体的に言えば、スマホの一画面以内で結論の出ない文章は、ネット上では、読んでもらえないということだ。

であるからして、ネット上で文章を読み、ネット上に文章を放流することで日本語表現の技巧を身につけた人々の文章は、達者ではあっても、どこか短絡的になる。

別の言い方をするなら、ネット上で磨かれた文章は、短文化し、キャッチフレーズ化し、スローガン化するということだ。

しかも、ウェブ上の文言は、常に反論に晒されているせいなのか、必要以上に攻撃的な構えで発信される傾向が強い。

で、ウェブの論客は、殺し文句を振り回して、当面の論争に勝つことばかりを考えるようになる。

ダブスタ、ポジショントーク、ブーメラン、藁人形、お花畑といった調子の、一言で論敵を葬り去るキーワードが飛び交うネット論壇の議論は、異様なばかりに射程が短い。

それゆえ、生まれる言葉も、またたく間に広まったかと思うと、一瞬で陳腐化する。

なんと殺伐とした言論空間ではないか。

問題は、このツーストライクで三振の判定が下されるみたいな短兵急な草野球で育った選手たちが、一人前のプロのアスリートとして大成するのかどうかだ。

一般人の文章力の平均値が向上しても、プロの文章が劣化したら、元も子もない。

最も高い水準の規格を失ったら、その国の言語の美の大きな部分は二度と回復されないはずだからだ。

とはいえ、私はそんなに悲観していない。

たぶん、20年もすれば、現状のインターネットとは別の、さらに圧倒的に短兵急なコミュニケーションツールが発明されるはずで、その結果として、事実上のテレパシーを手に入れたわれわれは、その無味乾燥さに目覚めて、古い言葉を探す旅に出るはずだからだ。


（「熱風」2014年9月）

ウォークマンと私の30年

はじめてウォークマンを見たのは、1979年の夏、つまり、発売直後だ。

買ったのではない。見て、触って、聴いてみただけだ。残念だが。初期型を手に入れた友人（Kということにしておく）が、わざわざ家まで自慢しに来たのだ。

「明日すごいものを持って行くぞ」

と、前日、予告の電話があった。よく覚えている。それほどKは舞い上がっていたのだ。

が、当日、ブツを見て、私はがっかりした。

「なーんだ、小型のデンスケじゃないか」

「えっ？ 録音できないのかよ。じゃあ、いったい何に使うんだ？ こんなもの」

「えええええ？ スピーカーも無いのか？ どうしようもないじゃないか」

私の否定的な反応を眺めながら、しかしながら、Kは楽しそうだった。余裕綽々という感じ。

大丈夫、聴いてみれば考えが変わる、と、にやにやしていた。

果たして、ヘッドフォンをカブって（当時はデカい密閉型のヘッドフォンしか無かった）音を聴いてみると、私は、アタマを殴られたような衝撃を受けた。生まれてこの方、後にも先にも、手のひらに乗っかるガジェットのタグイであんなに感動したことは無い。文字通り、3秒で世界観が変わった。いや、大げさに聞こえるかもしれないが、本当の話なのだ。私は、あの瞬間以来、音楽を常に身辺に持って歩いていないと心の平安を維持できない、困った男になってしまったのだ。

それまで、私のリスニング環境は、実家の6畳間だった。もちろんエアコンなんて無い。エアコンを買うカネがあるなら、その分LP（LPレコード。ああ、こういう言葉に注釈を付けねばならない時代がやってくるとは！）を買う。それが音楽ファンの心意気だと、そういうふうに私は考えていて、だから、再生装置（4チャンネルのコンポーネントステレオを持っていた。ウーハーの直径は30センチ。当時、スピーカーはデカいほど良いと考えられていた）と音源にはカネを惜しまなかったが、エアコンみたいな軟弱者御用達のアメニティグッズは、むしろ敵視していた。で、エアコンを付ける代わりに温度計を買った。代わりになるのかどうかは微妙だったが、私は温度計を眺めながら音楽を聴く方を選んだ。摂氏42度。それがどうした。ミスター・セルシウスなんか、ギターソロで吹き飛ばしてやる、と。

で、その、夏場は軽く40度を超える酷熱の部屋で、ロックミュージックを聴いていたおかげで、いまでもツェッペリンあたりは、汗だくの状態で聴かないと感じが出ないのだが、それはそれとして、ウォークマンは、そういう私の音楽鑑賞哲学をたったの3秒で破壊してしまった。おそるべき仕事だ。

音楽は、景色の中で聴くと3倍ぐらい快適だぞ、という、そのことを、私は知ってしまったのだ。事実、電車に乗って窓の外の景色を眺めながら音楽を聴いていると、たいていの悩み事はどうでも良くなった。

「経済史の単位がアブないって？ 小さいことでくよくよするなよ」

と、そんなわけで、ウォークマンを入手して以来、私はかなりしばらくの間、戦力外の人間になった。常に音楽を聴いていて、他人とのコミュニケーションが困難になり、いつもふわふわと気が散っていて、あらゆる仕事が片手間になってしまっていたからだ。

もちろん、弊害と言えば弊害だ。

実際、ウォークマンには、かなりデカい副作用があった。

が、それが何だというのだ？

副作用さえもたらさないちっぽけなものは、文化とは呼ばない。それだけの話ではないか。パソコンにも、携帯電話にも、弊害はある。自転車にだって副作用はある。何であれ、男を夢中にさせる何かは、必ずや男をダメにする要素を備えているものなのだ。

ウォークマンを入手してから、私はオリジナルのカセットテープ作成に邁進した。

散歩用、通学用、旅行用、プレゼント用、雨の日バージョン、クリスマス特集、白黒歌合戦、ミシシッピ南岸限定ブルース特集、ゲイvs女性歌手対抗、明るいプログレ、音程の悪い歌手特選……あらゆる切り分け方で手持ちのレコードコレクションをカセットに再編集し、それをまたヤマほど持ち歩いた。

いったいどこにそんな時間があったのかというと、本当は、無かったのだ。

私は、もっとほかのことに費やすべきであった青春の時間の多くを、音楽のために浪費していたのだ。その引き金をひいたのが、ほかならぬウォークマンだったわけだ。

でもまあ、それでも私は4年で大学を出た。

就職して半年で会社をやめてしまったということはあるものの、それでも、Kよりはマシだった。

Kは、2浪して入った大学で3年留年をしたあげくに、卒業後しばらくパチプロをやっていた。

「パチプロって言うけどさ、パチンコなんかで生計が立つのか？」

「立つとか立たないじゃない。ほかにやることがないからやってるだけだよ」

音楽は、人を無力にする。

音楽を聴いている人間のすべてが怠け者になるわけではないが、人生のある時期に音楽を聴き過ぎた人間は、当たり前な日常生活を人並みに運営できなくなってしまう。これはとても厄介なことだ。

思い出すのは、就職を控えた4年生の秋に、Kと八ヶ岳に登った時のことだ。

私は、4年生で髪を切ろうかどうか迷っている時期だった。が、Kはその時、3回目の1年生だった。

われわれは、Kが夏の間アルバイトをしていた山小屋に差し入れを届けるべく、9月の連休を利用して、ヤマに登ったのだ。

持って行ったのは、生肉とビールとカセットテープとラジカセとウォークマン。そして、乾電池を2ダースほど。いずれも、カサばる割に寿命が短い。だから山の生活にはまったく向かない。が、そうであるからこそ山の上の人たちに喜ばれる。そういうものなのだ。

生肉とビールは一晩で消滅し、カセットは結局ほとんど鳴らなかった。というのも、3000メートル近い高地では、気温が低すぎて乾電池が放電しなかったからだ。

とにかく、山小屋で過ごした10日ほどの間。私は本当にしばらくぶりに音楽の無い生活を送った。

で、その時にはじめて、自分の就職についてある程度マトモに考える機会を持って、それで、若干手遅れではあったが、山を降りた後、髪を切って就職活動をはじめることができたのだ。

この原稿の主題はなんだろう？

音楽は、人を無力にするということだろうか？

違う。若い人間には、無為に過ごす期間が必要だということだ。

私が、無力な若者であった時代、音楽はほとんど唯一の慰めだった。

無論、音楽が私を怠惰にしていた一面はある。逃避といえば逃避でもあったのだろう。が、別の見方をするなら、音楽がもたらす怠惰によってしか癒されない何かが、私の中に巣食っていたということも言えるのだ。

さよう。私もKも、オトナになるのに時間がかかるタイプの人間で、なんだかんだ、30歳を過ぎて自分に子供ができるまでは、気持ちが定まらなかったのだよ。

その、オトナでも子供でもない、サナギみたいに無力な時期の苦しさをやわらげてくれたウォークマンに、私はだから、感謝の気持ちを抱いている。

「こいつは酸素ボンベと一緒だよ」

と、Kは言っていた。

私も賛成だ。

肺が酸素を求めるみたいな切実さで音楽を必要としている人間がいる。その彼らにとって、ウォークマンは救済だった。

9歳？　いや、9歳は音楽の中にいる時のオレらの魂の年齢。ウォークマンは、30歳になったのだそうだ。

うむ。オレも歳を取るわけだ。

（「週刊ビジスタニュース」2009年5月）

紳助とまさしとオレ

島田紳助の引退記者会見*を見て、感情を揺さぶられた人間は大勢いる。あれは、そういう会見だった。ファンは別れを悲しんだろうし、紳助を嫌っていた組の人間は快哉を叫んだはずだ。紳助というのは、そういう存在だった。つまり、良い意味でも悪い意味でも、視聴者の感情を波立たせ、アジテートするタイプのタレントだったということだ。

私はシラけていた。

第一声から既にうんざりしていた。というのも、私は、1956年の11月生まれで、紳助と同年齢だからだ。同い年の人間から見ると、紳助がテレビカメラの前で見せている表情は、一から十まで、ものの見事に見え透いていて、真面目に反応する気持ちになれないのだ。

私の周囲の同級生たちも、多くは、紳助に対しては冷ややかな態度を示している。積極的に嫌うといったような激越な態度をとっているわけではない。要するに冷淡なのだ。

「恥ずかしいよな」

ずっと昔、紳助がデビューしたばかりの頃、仲間うちの男とそんな話をした記憶がある。なんというのか、紳助が画面の中で演じてみせている一挙手一投足は、同い年の男であるわれわれから見ると、あまりにも底が割れていて、身内の恥を見せつけられてるみたいで、どうにもきまりが悪いのだ。

田代まさしも同じだ。あいつも恥ずかしい。だから、話題豊富なあの男を、これまで、私はほとんどまったく原稿のネタにしていない。自分の恥をさらすみたいで、気持ちが乗らなかったからだ。

同じ年に生まれた代表的な有名人がこの2人であったことは、不本意な偶然ではあるが、やはり、偶然に過ぎない。1956年生まれの人間たちが、丸ごと紳助&田代ライクなキャラクターであるわけではない。いくらなんでも一つの世代の人間が同じロットの工業製品みたいに同じ人格を持って生まれてくるなんてことはあり得ない。

が、時間軸を含んだ偶然は、多くの場合、一定の必然性をはらんでいるものだ。その意味で、紳助がわれわれの世代のチャンピオンであったことを無視するのはフェアな態度ではない。

思うに、紳助ならびに田代は、われわれの世代の人間の、世間に対するスタンスの取り方を代表している。人格そのものについて言うなら、われわれのうちには色々なタイプの人間がいるし、硬軟善悪正邪美醜のすべてが揃っている。が、世界に向き合う時の態度には、やはりどこかしら似通ったパターンがある。紳助と田代は、そういう1956年生まれの人間の処世の

＊…2011年8月23日、よしもとクリエイティブ・エイジェンシーは緊急会見を行い、暴力団関係者との付き合いがあったことを理由に、島田紳助が芸能活動を引退することを発表。紳助自身の会見も行われた。

あり方の典型として、登場し、成功し、破綻し、消滅した人間なのである。

では、その処世とは何か。

スネ夫だ。

説明する。

われわれから見て、5年から6年年長の長兄にあたる年代の人間は、「団塊の世代」と呼ばれた。名高いフォーカスグループだ。

世代論というのは、往々にして些細なこじつけに終始するもので、実際のところ、世代の個性よりは個々人のバラつきの方がずっと大きな意味を持っていたりする。

が、こと「団塊の世代」については、定説はそんなに間違っていない。彼らは、やはり特別な集団であったし、戦後世界にもたらした影響の大きさは格別だった。

われわれは、その「団塊の世代」から一周遅れた走者として育つ運命を担わされた子供たちだった。すなわち、前車の覆るを見て轍を避けるテの、一種臆病な人生設計を強いられる気勢の上がらない世代だったのである。

団塊の世代の特徴は、その圧倒的なボリュームにあった。単純に数が多かった。だから、同じことをしても影響が大きかったし、経済的インパクトも市場規模も政治的圧力もすべてが、巨大で、押し付けがましく、独善的で、オレオレで、横紙破りで、大声で、大股で大飯食らいなジャイアンだった。

私どもポスト団塊世代の有象無象は、団塊の連中のあぶらぎった足あとのついた、廃墟に似た道を歩くことで時代に対応する術を身につけることになった。通路は団塊のカタチに歪み、広場には砂ボコリが立ちこめていた。大学は解体済みで、中学校は校則を放棄し、高校は制服を捨てていた。そんなふうに、あらゆる秩序が灰燼に帰している中で、われわれは思春期をくぐりぬけ、なけなしの青春を過ごさねばならなかった。

秩序はわれわれが破壊したのではない。私たちは、あらかじめ与えられたアナーキズムとニヒリズムを、自然な環境として育っただけだ。

かくして、われわれは、「シラケ世代」と呼ばれ、「三無主義」と評される人間に育った。無気力無関心無感動。当たらずといえども遠からずだ。なにより、人数が少ない。だから、シラケていようがいまいが、どうしたって小ぢんまりおさまって見える。実際、人口は、団塊の半分にも満たない。それゆえ、声も小さい。何をしても目立たなかった。団結したところで、声が届く道理もない。というよりもなによりも、われわれは、団結が野蛮の一症状でしかないことを、先を行く者の無残な失敗例を眺めながら強く思い知っている子供たちで、そもそも団結が大嫌いだった。

で、身につけたのが、スネ夫の処世だ。狡猾と韜晦。イソップで言えばキツネが演じているところの役柄だ。

紳助も田代も、才能が無いわけではない。

それなりの力量はそなわっている。

が、彼らを特徴付けているのは、技量や才覚ではない。むしろ、そのひねくれた性格だ。小心。陰険さ。権力志向。サディズム。ルサンチマン。人を信用しない傾向。猜疑心。

だから、若い頃は権力者の腰巾着として順調に足場を固めることができる。ガキの頃から、ジャイアンのわがままを眺めて育ってきたので、オヤジ連中をおだてるのは巧い。だから、ある年齢までは、スルスルと出世する。

でも、太鼓持ちとしては優秀でも、自分が権力を持つようになると悪い地金が出てくる。

で、墓穴を掘る。

見ていて本当に憂鬱になる。

最後にもう一度強調しておくが、私は、われわれの世代の人間に紳助や田代みたいな人間が多いと言っているのではない。

共通しているのは、性格ではない。マナーだ。

われわれは社会に対して斜に構える傾向がある。

団塊に続くオマケの世代として、上の顔色をうかがうことを余儀なくされていた部分もある。

で、ズルいヤツが出世するといったような、ひねくれた観察をしていたりして、結局のところ、社会性が育たなかった。

反省せねばならない。

いや、もしかして、一番いけないのは、この反省癖なのかもしれない。オレたちは反省ばかりしている。で、反省して弁解して、さらに先回りして後悔してまた反省している。

なんという暗い性格であることだろう。

反省せねばならない。

（「文藝春秋」2012年2月）

学歴と羞恥心

紅白歌合戦の歌手別視聴率で、「羞恥心」がピークを記録したという、なんだか反応するのも面倒くさいニュースが流れてから既に20日以上が経過しているわけだが、今日も画面にはあのおバカな人たちが出まくっている。マスメディアは、2009年以降も彼らをプッシュし続けるつもりでいる。ブームは今年いっぱい続くのであろう。だから私も反応せねばならない。なんという徒労感。

「おバカタレント」は、ブームといったような一過性の存在ではない。たぶんあれは既にひとつのジャンルとして確立している。だから、羞恥心が下火になったところで、新しいおバカが登場するだけの話で、タイミングももう決まっている。おそらく、より破壊的な芸風の誰かが、より壊滅的な無知を磨きながら待機している。というよりも、都内の主だった芸能プロダクションは、次期おバカ候補を数十人単位で登録済みなのかもしれない。自薦他薦含めて。「蒙昧系」「野蛮系」「猿頭系」「猫式」とかいった調子のア・ラ・モードなおバカたちを、だ。

何かを知らないということがひとつの芸として認定されることについて、違和感を抱く人々がいることは事実だ。が、ウケているのだから仕方がない。われわれは、無知な彼らが好きなのだ。自分よりモノを知らない誰かが、素っ頓狂な浅知恵を露呈して、しかもそれを恥じていなかったりする姿が。

もっとも「羞恥心」の諸君については、

「本当はバカじゃないんだ」

という説が根強く囁かれている。

そのうちのひとつは、「わざとバカを演じているんだ」というお話。もうひとつは、「単に無知なだけで地頭（↑「ぢあたま」と読む。イヤな言葉だよね）は良いのだという説。いずれにしても、彼らは「おバカ」なのであって、「バカ」ではないという主旨だ。

つまり、こういうことだろうか？ 羞恥心およびPABOの皆さんが視聴者に重宝がられている背景には、「学力」「偏差値」「学歴」みたいなものに対するわたくしども平成の日本人の不信感がある、と。

おそらくその通りだ。

われわれは、「学力」に辟易し、「偏差値」に退屈し、「優秀さ」にうんざりしはじめている。だって、それらの属性は、様々なステージでわれわれを追い立てている一方、実質、たいして信憑性のある情報でもないからだ。だって、二次方程式の解の公式なんかを知ってるからって、一体誰の人生が豊かになるというのだ？

さてしかし、そうやってうんざりしていながらも、われわれは、どうしても学力を無視することができない。というよりも、事実上われわれは、他人の学力を気にしてばかりいる。だから、いまや、わたくしどもは、あらゆるお笑い芸人の最終学歴がテロップ付きで紹介される事態に立ち至っている。

おどろくべきことだ。

ずっと昔、私が若者だった頃、当時のテレビ視聴者は、芸能人の学歴をほとんどまったく知らなかった。

ごく一部の学歴吹聴型のテレビ出演者（←早稲田か慶應の出身者が多い。巨泉とか）が、自ら宣伝する場合を除けば、一般人が芸能人の最終学歴を知る機会自体、まず皆無だった。もちろん、「タレント名鑑」みたいな本を見れば学歴情報は載っていた。が、そんな資料を見るのは、業界人か一部のマニアだけだった。

タレントの学歴情報は、テレビ画面の中であらためて紹介するべきものとは見なされていなかった。というよりも、戦後からこっち、昭和の時代を通じて、テレビの中の人々は、芸能人の学歴を公開することを、はばかっていたのである。

なんとなれば、わたくしども古い時代の日本人は、他人の学歴を公開したり詮索したりあげつらったり話題にしたりすることを、無粋だというふうに考えていたからだ。履いている下着を見せびらかすことと同じく。

ところが、昨今、学歴は、芸人を集めたひな壇トークの中で堂々と触れられるメインの話題に昇格している。のみならず、プロフィール情報の基礎として番組の冒頭で処理され、さらには芸人の「キャラ」作りの上での欠かせないファクターになっている。

だから、海パン一丁で出演することを旨としているコメディアンは、バカな踊りを披露するかたわら、W大出身である出自とのギャップを強調するためにコアな世界史知識を開陳せねばならず、クイズ番組に呼ばれる時には全力解答キャラとしてまったく別の表情を浮かべていたりもする。

で、そういう風潮を読み取ったからなのかどうなのか、吉本興業では、「お笑いセンター試験」なるものを導入し、[*1]かような事情を受けて、われらが芸能界は、ついに東大卒の芸人の登場をみるに至った。[*2]

実に面倒くさい話だ。

＊1…2009年1月18日、吉本興業は大阪と東京で「NSC全国お笑いセンター試験2009」を開催。成績トップの受験生は吉本総合芸能学院（NSC）の特待生として入学金免除などの優遇措置が受けられた。
＊2…「東大出身のお笑い芸人」石井てる美がデビュー。東京大学工学部、東大大学院を出て、外資系コンサルタント会社マッキンゼー・アンド・カンパニーに就職。その後「ワタナベコメディスクール」に入学し、お笑い芸人に転身したという経歴を持つ。

東大出のお笑い芸人。東京大学の学生にとっても、東京大学でない学校を出た者にとっても、芸人ワナビーやお笑いファンにとっても、面白くても面白くなくても、どの角度から見ても、受け止めるのが面倒くさい芸風だと思う。

でも、それもこれも、時代の流れなのだから仕方がない。一度学歴を公開した以上、もうあともどりはできない。おそらく、われわれは、既に、学歴抜きで芸を楽しむことができなくなりつつある。

ラベルの無いワインの味わい方がわからず、タグのついていないTシャツや刻印の無いバッグを信用できなくなってしまっている市場社会の犬であるわれわれは、どうせ、最終学歴を把握していない芸人の芸に対して、果たして笑うべきであるのかどうか、わからないに決まっているのである。面倒くさいことに。

アナウンサーの場合はさらに極端だ。

アナウンサー名鑑に学歴が載るだけではない。彼らの学歴は、出演番組ごとに、大書され、繰り返しアナウンスされ、論評され、様々な方法で強調され、執拗に印象づけられることになっている。

「平成教育委員会」や、「Qさま」みたいな「知識」や「雑学」を問うテのクイズ番組には、学歴情報が不可欠だと、制作者は、そういうふうに考えてアナウンサーの学歴を強調しているのだろうか。それとも、あれは、テレビを作っている側の人間による、テレビを見ている人々に対する、一種の勝利宣言なのであろうか？ つまり、視聴者を納得させるためには、制作側が高学歴である旨を、強調しておく必要があると？

まさか。

では、単なる自慢であろうか。

「ほら、オレたちって、エデンの園に住んでるんだぜ」

ぐらいの。

とすると、見てるオレらは何だ？

まるっきりのどん百じゃないか。

で、私のような根性の悪いタイプの視聴者は、慶應義塾大学を出た女子アナさんが「学歴をハナにかけないことをハナにかけていること」に反発するという、ふたまわりぐらい屈折した反応を示していたりする。

なんという面倒くさい反発。

わかりにくいだろうか？

よろしい。説明しよう。

具体的に言うと、たとえばテレ朝の前田アナみたいなお嬢さんが、慶應卒の学歴に乗っかかった上で、大安心して「おっとり系」の「天然」っぷりを披瀝していたりする様子に、そこはかとない傲慢さを看取するのである。で、自分のその目線の底意地の悪さに、自分ながらきまりの悪い思いを抱いているというわけです。ええ。

いや、前田アナが、「天然ぶっている」と言いたいのではない。

彼女のあれは、養殖モノの天然ではなくて、天然の天然なのであろうとは思っている。

でも、もし仮に前田アナが、慶應卒じゃなくて、そこいらへんのあんまり名前を知られていない短大の出身者であったのだとしたら、彼女とて、もう少し賢く見て貰うべく頑張っていた気がするのである。あそこまで、安心して「うん。アタシってそういうとこちょっとヌケてるんですー」てな調子で、「アハハハハあ」と、無防備な無邪気さを露呈してはいなかったはずだと思うのだな。

邪推かもしれない。

考えすぎなのかもしれない。

が、学歴というのは、そういうものなのだよ。誰もが、意識過剰になっていて、誰もが、過剰な意味をくみ取ろうとする結果、実際よりも大きく見えたりズレて見えていたりするやっかいなプリズムなのだ。

だから、羞恥心の諸君の人気は、あれは、平成のテレビの学歴志向とワンセットで考えなければならない。

つまり、われわれは、学歴の目眩を解毒するために羞恥心を必要としている、というふうに。そうだよな、「未曾有」を「みぞゆう」って読んだからって、誰が困るわけでもないんだし、そもそも「未曾有」みたいな字面を「みぞう」と読ませようとする知識体系自体が根性悪のトラップなのであって、そんな知識にはたいした意味はないのだよ……と、われわれは、そんな安心感を、心のどこかに持ちこたえていたかったりする。

が、退屈しているテレビ視聴者であるわれわれは、形式的な知識体系にうんざりしている一方で、液晶画面の中に出てくる人々の学歴にこだわっている。で、芸能人の学歴をクサしたり、称揚したり、過大評価したり、バカにしたりすることで、喜怒哀楽をフレームアップして、そうすることでなんとか画面の殺風景に耐えている。まあ、それやって見ないと見ていられないほど、ナマの芸が死んでいるということかもしれないが。


さて、菊川怜だ。

私は、はじめて彼女を見た瞬間、「どうせ1~2年で消える」と思った。

が、いまだに生き残っている。なんだかんだで芸歴10年になる。見事なものだ。

あるいは、彼女は、ああ見えてやっぱり優秀なのかもしれない。

つまり、菊川怜は「《一見優秀なバカ》を見事に演じきっている」という意味で、非常に優秀だということだ。

ああいうことは、やっぱり東大を出た人間にしかできないのだろうな、と、そういうふうに思っているオレはやっぱりいい年をぶっころがして東大コンプなんだろうか。

いずれにせよ、

「ああ、菊川怜って、たしかに知識はあるけど、アタマのデキそのものはどうにも薄っぺらなんだな」

と、それを確認したい一心で「バンキシャ！」を見ているオレは、菊川怜よりアタマが悪いんだと思う。

（「週刊ビジスタニュース」2009年1月）

中国が世界をググる日

グーグルが中国本土での検索事業から撤退する旨を表明した。[*1] びっくりだ。

なにしろ、相手は世界一のインターネットユーザーを抱える世界最大の市場だ。というよりも、ちょっと先の近未来を考えれば、中国市場は、世界最大どころか、世界の半分かもしれない。こういう国を敵にまわして、グーグルは、この先、どうやって商売をするつもりでいるのだろう。

昨年末以来、中国政府とグーグルが色々とやり合っていることは知っていた。やれ中国からのサイバーアタックがあったとか、いいがかりだとか、人権活動家のGメールへの組織的なハッキングがどうしたとか、被害者はむしろ中国政府だとか、お互いに非難を繰り返しては対立を深めていた。

そんな中、グーグルは、

＊1…「インターネット検索最大手の米グーグルは22日、中国本土での検索サービスから撤退し、同日から香港を拠点とする同社サイトで検閲抜きの中国語版検索サービスを始めたと発表した。一部情報を非表示とする中国当局による事前検閲制度の撤廃を求めた交渉が行き詰まり、『言論の自由』が保障されない環境下で検索サイトを維持するのは困難と判断した」（時事通信　2010年3月23日　http://news.yahoo.co.jp/pickup/1704835）

「中国における攻撃と検閲の状況が変わらなければ、中国でのサービス提供を断念する可能性がある」

と、昨年の12月の段階で、既に、撤退を示唆している。

そう。これは、藪から棒に起きた出来事ではない。表だって事件化してから数えても4ヵ月、発端に遡ればもう何年も前からくすぶっていた火種だったのである。

が、グーグルの撤退については、私は、どうせハッタリだと思っていた。

だって、撤退はいかにも無理筋だったからだ。だから私は、

「中国相手にブラフをカマすとはいい度胸だ」

ぐらいな気分で、なまあたたかく事態を見守っていた。

実際、グーグルのような規模の企業が示唆する「撤退」の二文字は、これは、かなり熾烈な脅迫になる。

普通の国はひとたまりもない。たとえば、うちの国だったら、官民挙げての大騒動になる。グーグルが去ったら国際社会から取り残されて云々、と、目の据わったキャスターがカメラ目線でかきくどくと思う。目に浮かぶようだ。

一方、中国市場からオミットされるという事態は、世界中のほとんどすべての企業にとって、悪夢以外のナニモノでもない。国際展開を考えている情報企業であるのならなおのことだ。中

国は、世界の中心ではないかもしれないが、たとえ周縁だとしても、中心よりもはるかにデカい。無視できるはずがない。

ともあれ、この両者の争いは、決して別れられない腐れ縁の夫婦の口げんかと同じことで、どうせ本気ではないのだ、と、私はそのように見なしていた。キツいことを言い合っているようでも、本当は条件闘争をしているだけで、決裂が不可能であることは、お互いに了解しているはずなのだ、というふうに。

メディアも、この件については、マトモな分析記事を提供していない。「一歩引いた報道」に終始していたといって良い。

新聞もテレビも、どちらに付くことも無く、いずれを非難することもせず、ただ最小限の事実関係のみを伝えて、うすら寒そうに事態を傍観していた。省力報道、あるいは、減力放送。彼らの注目は、もっぱら、やんごとなきあたりの小学2年生の5日ばかりの不登校に注がれていた。[*2] ま、平和だということなのかもしれないが。

報道各社の人々もまた、私と同じように、グーグルと中国の間のやりとりを、誇張された痴

＊2…当時学習院初等科2年に在籍していた敬宮愛子内親王が、2010年2月下旬から風邪による体調不良のため「不規則な通学」となり、さまざまな憶測も重なって「愛子さま登校できず「乱暴な子」見て不安訴え」「愛子さま「不登校」の真相」などの見出しが週刊誌をにぎわす事態となった。

話げんかぐらいに見なしていたのだろうか。その可能性はある。きちんと取材していない人間には、やはり、そういうふうにしか見えなかっただろうから。

あるいは、記者諸君は、中国の機嫌を損ねることを恐れて、見て見ぬふりをしていたのかもしれない。

おなじみの安全策。木彫りの猿の人形みたいに、目の上に両手を添えて見ないふりをする、あの処世だ。

真実は、視界を塞ぐ指の隙間から、ほんのちべっとだけ盗み見るのみ。

見ても、でも、何も言わない。何が見えていようとも。今度は口に手を当てる。誰かに何か言われたら、その手を耳に持っていく。万全のカテナチオ戦術。世界の屋根裏のことなんか知らない。見たことも聞いたこともない。だから何も言わない。

あるいは、メディアの人々は、むしろ、グーグルとコトを構えることに対して慎重になっていたのかもしれない。

たしかに、グーグルみたいな企業と反対側の立場に立つことは、たいへんに薄気味の悪いことだ。

というのも、メディア企業は、この先、どこであれ、大きな意味では、グーグルの代理店みたいなものに変貌せざるを得ないのかもしれないからだ。

さてしかし、わたくしども臆病な傍観者の願望的予測を裏切って、グーグルは、本当に撤退する決断を下した。

驚くべき決断だ。

大丈夫なのだろうか。

いや、私はグーグルの将来を心配しているのではない。

中国の先行きを懸念しているのでもない。

中国であれグーグルであれ、そういう巨大な存在が傷を負うことになれば、われわれとて無事では済まないぞ、と、そこのところを私は憂慮している。さよう。われわれは、アメリカがくしゃみをすると、律儀に風邪をひく国の国民として、長らく国際社会の揶揄の対象になってきた。が、もはや、震源はアメリカ一国ではない。病態は万国に満ちている。中国が風邪をひけば、トヨタが肺炎になるだろうし、グーグルが風邪をひけば電通が脳挫傷で倒れる。それほど世界は狭くなっている。

中国にとって、グーグルは、ある意味、黒船に近い存在だ。彼の国の情報鎖国を脅かす外敵でもあれば、世界市場への本格参入を促す招待者でもある。

とはいえ、この先長い目で見て、中国が自由化への道を歩むことになるのだとしても、その道筋は、おそらく、一本道ではない。もっと、曲がりくねった、複雑な過程になるはずだ。少なくとも、完全な経済自由化の前に、まず、踏んでおくべき順序として、中華バブルの崩壊が到来せねばならない。でないと、基礎工事ができない。しかも、泡盛転覆の折りに生起するであろう経済的な混乱は、処理を誤れば、内乱ないしは政治動乱を引き起こす。と、自由化は、結局、かつて多くの場所でそうであったように、何かが倒れた後にやってくるものであるのかもしれない。

そう思って見れば、この度のグーグルの撤退も、単に「現政権との決別」を意味する、小波乱に過ぎない。

あるいは、とてつもない量の情報を日々刻々精査している検索ロボットは、最終的に、その飼い主に向けて、中国の現体制が沈み行く船である旨のレポートをタイプアウトしているのかもしれない。とすれば、ここは一旦カジノから退出するのが得策。古い船から降りても、海と縁が切れるわけではない。航海は続く。定置網を上げるのは、もっとデカい獲物がかかってからでも良い。

中国の側からは、別の景色が見える。

沖合に黒船が停泊している時、陸の上の人々は、夜も眠れない。彼らの間には、動揺の波が広がる。その波は、やがて、開国派と攘夷派というふたつの対立する流れとなって、国論を二分する。あんまり簡単な要約に聞こえるかもしれないが、でも、デカい国でも、小さい国でも、規模こそ違え、起こることにたいした差はないはずだ。開国と攘夷。異文化が衝突する場所では、どこでも同じことが起こる。きっとそうだ。

中国政府は強気の姿勢を貫いている。

「新華社通信は中国政府当局者の発言として、『Googleが中国語版検索サービスの検閲を廃止したのは、書面での約束に違反する行為であり、完全に間違っている』との見解を報じている」（2010年3月23日ロイター）

彼らの強い態度の背景には、おそらく、世論を味方につけているという彼らなりの自信があずかっている。

産経新聞の北京支局員は、このように伝えている。

「米インターネット検索大手グーグルが中国本土での検索サービスから撤退を発表したことについて、中国のネット利用者の多くはグーグルを非難する書き込みをポータルサイト掲示板などに寄せている。撤退を歓迎する声と惜しむ声との比率は約9対1。一貫して『法律』を盾に対応してきた中国政府の〝作戦勝ち〟ともいえる。

グーグルと提携している中国の人気ポータルサイト、新浪ネットには24日までに、『外国人と外国企業は中国の法律を順守しなければならないことを理解すべきだ』といった意見が多数寄せられた。他のポータルサイトを含め、『グーグル出ていけ』『ずっとグーグルは使っていない。死んでくれてよかった。何の影響があるというのか』などと、感情的な意見も後を絶たない。……（後略）……」（産経新聞２０１０年3月24日）

一人の日本人として、両者の対立を見ていると、一抹の淋しさを禁じ得ない。

というのも、われわれは、モロに蚊帳の外だからだ。

世界の大国と世界の大企業の横綱相撲を、はらはらしながら見上げている桟敷席の年寄り――われわれは、いつしか、舞台の中央から外れて、エキストラの地位に甘んじるようになった。

昨年の年末、ちょうどグーグルが中国とモメ始めた頃、使っているＰＣに問題が発生して、私は、メーカーのコールセンターに電話をした。

この時の経緯は、ほかのところでも一度書いたのだが、印象深い話なのでもう一度書く。

われわれは、日々、多様な中国に直面している。好むと好まざるとにかかわらず、直面せざるを得ない。中国発の優秀な留学生や、物騒な犯罪者や、粗悪な食品や安価な衣料品や、べらぼうなマナーや巨大な市場に。なにしろ、相手は、世界最大の人口をかかえる世界最大の国で、しかも、隣国だ。付き合わないわけにはいかない。

コールセンターの電話口には、一声聞いて中国人と分かるしゃべり方の女性が出てきた。

「リンと申しマス」

私は、ちょっと落胆した。なるほど、メーカーのサポート拠点が人件費の安い中国にアウトソーシングされているという噂は、あれは本当だったのか。

が、しばらくすると、私の懸念は晴れた。

そのカタコトのリンさんが、思いのほか迅速に、こちらの状況を把握し、適確なアドバイスをしてくれたからだ。

こういうことは滅多にない。っていうか、はじめてだ。サポセンの電話担当というのは、質問攻めにしてくるばかりで、結局モノの役に立たないのがデフォルトで、

「最初に確認いたしますが、電源ケーブルは接続されているでしょうか」

と、いきなりケンカを売ってくるかと思えば、

「少々お待ちください」

と言ったきり数分間にわたって待機メロディーを聞かせたりする、そういう仕様の人々だからだ。

リンさんは違った。素早くこちらの状況を把握し、順序立ててひとつずつ解決策を示し、見事に問題を解決してくれた。天晴れ。

つまりこういうことだ。メーカーのコールセンターに派遣されている日本人労働者に比べて、中国人の電話サポート要員は、優秀である確率が高いのだ。言葉のハンデを乗り越えて採用さ

れている分だけでも優秀なところへ持ってきて、彼らは、なんというのか、必死だ。とすれば、オペレーターとしてどちらが優秀であるのかは、自明ではないか。

「必死だな（笑）」と、2ちゃんねるの連中がなにかにつけて繰り出してくるこの嘲弄の決まり文句は、実は、私にとって、心当たりのない言葉ではない。というのも、たぶん、人が必死に頑張ることを嘲笑したのは、私たちの世代が最初だったはずだからだ。そう。われわれは、ムキになって何かに取り組んでいる人間を笑った。

「ごくろうなことだね」

とか言って。

われわれ昭和30年代生まれ以前の、貧しかった時代の日本人は、笑うよりもなによりも、ムキになって頑張らないと生き残れない人たちだった。だから、必死な人間を笑う風習は彼らにはなかったはずだ。

それが、現在では、必死であることは、もしかしたら人間の態度のうちで、一番みっともない仕草に分類されていたりする。

勝負は明らかだ。

必死であることがまだ美しさを失っていない国からやってくる、必死で頑強で堅忍不抜な人々に、われわれの国の若い者が勝てる見込みは、とても少ない。残念なことだが。

無論、グーグルにも勝てない。

資本とコネクションと情報と軍隊を持っている国が強引に展開するビジネスの論理には、誰も太刀打ちなんかできない。

必死な中国人と、強引な情報資本が対立するのは、これは、避けがたい宿命だ。そして、彼らの全面対立は、もしかするとこの世紀の世界に非常に厄介なトラブルをもたらすことになる。考えるだにおそろしいことだ。

いずれにしても、巨人同士の争いは、簡単には収束しない。双方ともが、巨大なプライドをかかえているからだ。メンツの上からも、簡単に引き下がるわけにはいかない。対決モードに入ると、大国の人間は、損得を度外視してでも意地を貫こうとする。損を引き受けるだけの余力があるからでもあるが、まあ、思い上がっているからね。デカい人たちは。

と、こんな時こそ、小国の出番だ。小柄な調停者。あたしゃ音楽家森の小リス。そういうキュートな存在が緊張を緩和する。

「グーグルを追い出したっていうのは本当かな？」

「誰だ、お前は？」

「隣人だよ」

「と、あの盲腸みたいな半島から来たのか？　何の用だ？　何を売りに来た？」

「違うよ。日出ずるところの列島の民さ」

「列島？　では、あの鳥の糞みたいな島国から来た劣等民族だな？　で、何だ？　何を売りに来た？」

「カネで買えないものだよ」

「ケンカなら買うぞ。倍返しで。おぼえておけ。われわれはもはや眠れる獅子ではない」

「いや。私は恩を売りに来た。それもタダで、だ。受け取ってくれ。国際社会は貴国の検閲と人権侵害を憂慮している。そのことを伝えに来た」

「わが国に問題が無いとは言わない。が、われわれは小異を問わない。常に大同につく。すべての異分子を一枚の体制で包み込む。わかるか？　餃子の心だ」

「包んで隠せば毒が消えるというものではないぞ」

「大丈夫。火を通せばあらゆるものは食品になる。これぞ、炒《チャオ》の原理にして加熱殺菌の秘法」

「友よ。政治は料理ではない。それ以上に人民は餃子の具ではない」

「お説教か？」

「まあ、食え。マグロだ。生にして美味。火力無用。海洋の奇跡だ」

「うむ。旨い。ところで、オレは何と闘っていたんだ？」

「さすが大人《たいじん》。食え。寿司だ」

たとえば、鳩山さんが、「友愛」と書いた色紙を2枚携えて調停に乗り出したら、案外、話は落ち着くところに落ち着く気もする。友愛は、たしかに間抜けな所信だが、意地を張っている人間にはちょうど良い清涼剤になるはずだ。

調停者は、大真面目な顔で間抜けな正論を言える人間でないとつとまらない。

（「週刊ビジスタニュース」2010年1月）

コイズミ・チルドレンの衰弱死

例年、新語・流行語大賞に選ばれる言葉は、「新鮮さ」や「普及度」よりも、「旬の短さ」で、その一年を象徴することになっている。

今年も同じだ。

「どげんかせんといかん」と「ハニカミ王子」、いずれも「来年の今頃には、こんな言葉恥ずかしくて使えないだろうな」と思わせる、うたかた感横溢の言葉が選出されている。ある意味、見事な見識なのかもしれない。

歴代の受賞者の顔ぶれを眺めてみても、代理店臭あふれる、あざとくもものほしげで、楽屋くさい面々が並んでいる。ウィキペディアを見ると、たっぷり30秒は笑える。死屍累々。恥辱の連鎖。

出色なのは、2005年の「小泉劇場」だ。

たった2年しかたっていないのに、既にしてこの恥ずかしさ。異様なばかりの残骸感。思い出すのもうとましい、唐突にして不潔なあの夏の思い出ってなところだろうか。砂浜に残されたゴム製品みたいな場違いな無残さ。しかもそれが83個も。未だ生まれざるチルドレンとしての捨てゴム人生。

が、その小泉劇場の主要キャストであった人々は、まだ生きている。なるほど言葉そのものは歴史の路側帯に放擲され、流行は時間の生ゴミにまみれて腐敗臭を立てている。が、劇場の隆盛を担った生身の人間は、そう簡単に死ぬわけには参らぬ。彼らにだって人生はある。気の毒なことだが。

で、その「小泉チルドレン*」の面々は、それぞれにいい年をぶっころがしつつ、いまだ成人できずにいる。2階に追い上げられてハシゴをハズされたぼったくり遊郭の客みたいなその間抜けな顔は、いずれも、大向こうをうならせるに足る役者のオーラを備えた顔つきではない。大部屋女優とエキストラ俳優。あるいはモギリの兄ちゃんみたいな凡庸な顔、顔、顔。

結局、「小泉劇場」は、わたくしどもが当時考えていたような一幕物の当たり興業ではなかった。むしろ、「子別れ」という昔ながらの人情モノ大衆演劇の主題を逆方向から描いた「子捨て」の物語だったのだと思う。

情の薄い長髪の独身男が、80数名もの男女と養子縁組を契りながら、用がなくなったらポイ捨てを敢行いたしました、という、かわいそうなようでいて、その実、客席から見ていると滑

*…2005年の「郵政選挙」で小泉首相は、郵政民営化に反対の自民党議員を非公認とし、その選挙区には郵政民営化賛成の新人候補を「刺客」としてぶつけて圧勝、83人もの新人議員を当選させた。このときに当選した片山さつき、猪口邦子、杉村太蔵らの新人議員たちは、「小泉チルドレン」と呼ばれた。

稽かつ痛快でもあるドタバタの青春群像劇——アンチクライマックス——脚本家が結末を投げたみたいな……である。いや、面白かったよ、純ちゃん。

振り返るに、「小泉チルドレン」というネーミングが、既にして記者の揶揄を宿らせていたように思う。

「子は子でも血縁の子供ではない。非嫡出子。内縁のチルドレン。てか、単なる上下関係」

「といって、子分でもない。だって忠誠心がゼロだし、親分の側に包容力があるわけでもないから」

「ってことは、横文字でチルドレンぐらいにしておくのが頃合いなんじゃないか?」

という感じだろうか。

「ほら、《アダルト・チルドレン》とか言うじゃん。あの感じだよ。アルコール依存症患者が親をやっている崩壊家庭で育った情緒不安定で自己評価が低くて、そのくせ見栄っ張りなあの哀れな子供たちみたいな」

……と、かくのごとくに対象を軽んじる風が、「チルドレン」という半端な横文字には、明らかにうかがえるわけだ。

当初は、おそらく、ほかの呼び方も検討されたはずだ。

が、集団としてのユルさと、個々のメンバーのオーラの乏しさが、既存の集団名称にうまくなじまなかったのだと思う。

「小泉派？　うーん、派閥というほどの内実（カネのやりとりね）があるわけじゃないしな、あいつらの場合」

「小泉軍団？　てか、団結なんかしてないですから。規律もリーダーシップも不在だし」

「小泉スクールって？　ははは、学問的な関連性なんかまるで無いぞ。政策的な共通点さえロクにありゃしないんだから」

「かといって、チーム小泉とか言うのもなあ。いや、ほら、チームワークなんかひとっかけらも窺えないだろ？　しょせん烏合の衆なわけだから」

……なるほど、こんな連中は「チルドレン」で上等だよな。

さかのぼると、「チルドレン」という言い方のルーツは、おそらく、"Dylan's Children"にたどりつく。念のために解説すると、これは、70年代から80年代にかけてのロック音楽業界テクニカルタームで、意味するところは、「ボブ・ディランを音楽的な父とする若手ミュージシャンたち」ぐらいになる。ディラン本人がヒットチャートから姿を消していた一時期、世界各国からデビューするミュージシャンのうちに、自他ともに認めるディランの追随者が数多く見られたことからこの言葉が生まれたのである。

だから、「小泉チルドレン」は、使い方としてちょっと違う。「サリーちゃんのパパみたいなヘアスタイルをした小泉のオヤジが魔法の杖を振るったことで、カエルが王子様に化けるみたいなカタチでこの世に誕生した若手議員」という感じのストーリー設定は可能だが、でも、個々のチルドレンたちは政治家小泉純一郎の追随者でもなかったし、信奉者ですらない。単に小泉ブームに乗っかって選挙戦の公認名簿に名前を連ねたそこいらへんのおっさんとおばさんに過ぎなかった。とすれば、やっぱり「チルドレン」は、おかしい。

それに、語源にならうなら「小泉'sチルドレン」でなければならない。

まあ、記者さんにしてみれば、ただでさえ和英混用の気持ち悪さが横溢しているこの言葉の真ん中に、「's」という、さらに中等英文法くさいこまっしゃくれた記号を挿入することが、はばかられたのであろう。その気持ちはわかる。新聞読者の平均的な英文読解力って、たぶん英検4級以下なわけだし。

でも、おかげで、「小泉チルドレン」の後追いで「ボビーチルドレン」(←陽気な外国人監督ボビー・バレンタイン率いるところのロッテマリーンズの選手たち)みたいな、気持ちの悪い言葉が大量生産されることになった。せめてボビーには'sをつけてあげようよ。外人さんなんだからさ。

さて、当テキストは、「小泉チルドレン」という用語の成り立ちだの語感だのについてはごちゃごちゃ言っているばかりで、その名で呼ばれている当の本人たちの個々の事情について、まったく触れていない。はなはだ不徹底というのか、不真面目な原稿だと、そう思うムキもあることだろう。

でも良いのだよ。

たとえば、佐藤ゆかりだとか、杉村太蔵だとか、片山さつきだとか、猪口邦子だとかいった面々について、それぞれ二言三言の捨て台詞を並べてみせることは、不可能ではない。が、この人たちを個々の政治家として別々に論評することは、あんまり意味のある作業ではないのである。

なんとなれば、「チルドレン」は、集合名詞として扱われているからはじめて「チルドレン」たり得るのであって、一人一人バラけた扱いに戻すと、「チャイルド」という、元の木阿弥のパンピーに戻ってしまうからだ。

だから、彼らについては、あくまでも登場した時と同じように、「小泉チルドレン」という名前でひとっからげに扱うべきだ。で、分別収集の上焼却処分にすればよろしいのである。だって、ゴミなんだから。

話のスジからすると、責任は小泉さんにある。

子供に責任はない。彼らは、被害者に過ぎない。亀田三兄弟と一緒。

小泉さんは、いくらなんでも冷たすぎた。

だって、引っ張り上げて持ち上げて、煽っておだてて走らせて、そうやって利用するだけ利用しておいて、用が済んだらバイバイですぜ。チルドレン83人の数的圧力で政権をドライブさせていたにもかかわらず、自分の仕事が終わったら、食べ盛りの子供を残して失踪、と、そういう結末を持ってきたわけだから。ネグレクトですよ、これは。児童虐待。チルドレンアビューズ。小泉の水子たち。政治的早産死、だよね、彼らにしてみれば。

日本の政治史上、ここまで面倒見の悪い政治家は後にも先にもいなかったと思う。

とすれば、広義で言うところの「政治」が、「面倒を見る」と同義語であったわが国の政治風土からして、小泉純一郎は政治家失格ということになる。

でも、困ったことに、小泉さんの人気の秘密は、おそらく、その「面倒見の悪さ」のうちにある。というのも、「しがらみ」だとか「義理人情」だとか「地盤看板カバン」だとか「血脈」だとかいった、異様なばかりにウェットな政治風土に、21世紀の日本人はいいかげん飽き飽きしはじめていて、だからこそ、小泉改革のドライさ（っていうか、その内実は残酷さだったわけだが）がアピールしたという側面もあったはずだからだ。なんというのか、「不人情」で「不義理」で「身勝手」で「ドライ」なそのやり口の非道さが、既存の政治家とはまるで違っていて、その他人を切り捨てる刃物の切れ味の鋭さが、ちょっと素敵に見えたりしたわけだ。私自身、小泉さんについて、政治家としてはまったく評価していないし、実際とんでもない野郎だと思ってもいる。が、一人のロックンローラーとして見ると、あれはあれでファンキーだぞ、と、そう思えてしまうのだな、困ったことに。いや、好きなのだよね、きっと、眺めている分には。リアルで付き合いたいとは思わないし、投票もしたくはないけど。

で、結局、あの人が残したのはチルドレンの死骸と格差社会だけだった。

いや、見事なトリックスターでした。

チルドレンが、ひとつにまとまって派閥を作るというのはどうだろう。

頭数だけは揃っているわけだから、一定の圧力団体が作れるんではなかろうか。

でもたぶん、無理なのだろうな。カネもリーダーシップも哲学も政策も旗も御輿もなんにも無いんだし。利害すら一致してないわけだから。

いっそ、格差社会の最下層を狙って、捨て子党を旗揚げするというのはどうだろう。「水子チルドレンの再生」とか言って次期衆院選に打って出たら、そこそこ票は集まる気がするぞ。「人間資源のリサイクル」、「ゴミは資源。ニートは労働力。ヒキコモリは押し黙り」、「棄民ルネッサンス」とか。

……ダメかな、やっぱり。

束ねても　ニートはニート　ゴミはゴミ
やはり焼却処分。燃料ぐらいにはなるだろう。

（「週刊ビジスタニュース」2007年12月）

タトゥーあり？

のりピー逮捕に伴う報道ラッシュの陰に隠れるカタチで、押尾学容疑者の事件については、続報が流れて来ない*。特にテレビのニュース枠からは黙殺されている。少なくとも私の目にはそう見える。モノとしてはこっちの方がデカいのに、だ。

押尾事件は、単なる半端タレントの薬物事件ではない。人が一人死んでいる。それも密室で。とすれば、本件は、保護責任者遺棄致死の疑いを濃厚に有しており、最大限に解釈すれば、殺人だって疑うことができる。それほどの重大事案だ。

一方、のりピーの事件は、よくある覚醒剤所持&使用疑惑に過ぎない。

いや、覚醒剤の所持および使用が軽微な犯罪だと言っているのではない。重大な犯罪だ。容疑者が芸能人である点も無視できない。影響力が巨大だから。それはわかっている。

しかし、酒井法子容疑者の事件については、人の生き死にがかかわっているわけではない。その意味で、押尾事件と比べて、重要度は低い。緊急性もない。大きいのは話題性のみ。その

＊…2009年8月、歌手・女優の酒井法子が覚醒剤を所持・使用したとして、夫の高相祐一と共に、覚せい剤取締法違反で逮捕された。ほぼ同じ時期の8月、俳優の押尾学が、借りていた六本木ヒルズの高層マンションの一室で、銀座ホステスと合成麻薬MDMAを服用し、ホステスが死亡する事件が発生。押尾は麻薬取締法違反、保護責任者遺棄致死罪などで逮捕された。

話題性だって、底の底まで遠慮なくほじくり返せば、押尾事件の方に軍配があがるかもしれない。なにしろ関係者の顔ぶれが猛烈にドス黒いから。

事件の舞台となった六本木ヒルズの部屋の所有者である下着会社の女社長。その元夫であるAV制作会社社長。これだけでも2時間ドラマぐらいは書ける。

今回の場合、彼ら以外にも様々な名前があがっている。薬物使用の噂が絶えない政治家の息子。挙動不審の歌姫。パチンコ屋(↑テレビの言い方では「レジャー産業」)の社長とその一族。芸能界の裏ドンと呼ばれていたりもする芸能プロダクションの経営者。クラブの関係者。芸能人A。タレントB。女優C。そして、モデルX、Y、Z……どの名前を見ても一癖ありそうだ。これならシリーズ物のサスペンスドラマがワンクール分撮れる。まあ、品がなさ過ぎてゴールデンでの放送は無理だろう。ってことは、本件は、そもそもがVシネマのネタだったのかもしれない。背景、筋立て、出演者から、小道具美学に至るまでの何もかもが。

ハリウッド級のVシネマ。うん。押尾君らしくて良いぞ。国際派小物タレントの代表作としては申し分のない押し出しだ。

で、陰謀論が出て来る。

のりピー夫妻の唐突な職質と逮捕は、その前に発覚した押尾事件をカムフラージュするための作戦だった……てな調子のストーリーだ。

それほどに、押尾マターの背後に巨大な闇が……と、噂好きのネット雀は、そう考えるわけだ。

たしかに、陰謀論としては、上出来の部類だ。ありそうな話でもある。

でも、「何かを隠すためにほかの何かを用意する」という話は、そもそも前提として弱い。

本当にチカラのある人々が、本気で事件を隠したいのなら、発覚前にもみ消すはずだ。

逆に言えば、発覚前に事件をもみ消すことができなかった連中に、発覚後の報道をツブすことなんて、できる道理がないのである。

それに、似たようなほかの事件が目くらましとして機能してしまう程度のヤマなら、そもそも隠し立てする必要がない。放っておけばじきに風化する。当たり前の話だ。

逆に、押尾事件が、本当にヤバい大事件であるとしたら、のりピー事件程度のお話で吹き飛ばすことは到底不可能だ。ニューヨーク9・11ぐらいなケタ外れの爆弾を持ってこないと実質的な目くらましの効果は期待できない。

あたりまえの話だが、そんなバカなことをする人間はどこにもいない。

押尾事件から世間の目を逸らさせるために、連続爆破テロ級の事件を起こすなんて、どう考えても、間尺が合わない。

夏休みの宿題をやっていないからという理由で、学校に火をつける中学生と同じ。本末転倒というヤツだ。

もしかして、2ちゃんねるに入り浸っている若い世代の人々にとっては、押尾先生の方が有名であったのかもしれない。そう思えば、彼らが陰謀論を持ち出したくなった気持ちはわからないでもない。

仮に知名度ではのりピーの方が上であるのだとしても、ネット社会における存在感を比べれば、押尾先生の方が断然にデカい。ネット上に残っている数々の大言壮語や、真偽ないまぜの押尾伝説を見ればわかる通り、押尾先生は、モロに2ちゃんねらー好みの大物だ。そういう意味では、2ちゃんねるに常駐している人々が、落ち目のアイドルに過ぎないのりピーなんかよりも、押尾学容疑者の事件に注目したのはそれはそれでスジが通っている。

でも、世間一般の人々にとって、押尾学は、数年前に画面から消えた端役に過ぎない。一方のりピーは、いまだにスターだ。

そう思えば、今回の扱いは至極当然で、要するに、のりピーの事件が押尾事件よりも大きく報道されているのは、一般人にとって、押尾学容疑者よりも酒井法子容疑者の方がビッグネームだったからなのだ。それ以上でも以下でもない。

ちなみに、ここで言う「一般人」は、「平均的なテレビ視聴者」を指している。その彼らは、思いのほか年寄りで、びっくりするほど無知で、実になんとも覇気の無い人たちだ。当然、押尾学なんていう名前は覚えていない。矢田亜希子の旦那だと言われても、和田アキ子の顔が浮かんできて混乱してしまう。その程度だ。っていうか、そもそもあの人たちは「押尾学」の字が読めない。「《おすお》って読むの?」「おしびまなぶ?」「おしおがく? ヘンな名前」。

その点、のりピーはよく知っている。もう20年前からアイドルをやっているわけだし、NHKの大河にも朝ドラにも出ていた顔だから。大物。大大ビッグネームです。落ち目であることにさえ気づいていない。年寄りは昔のことはよく覚えているから。犬と同じで。

むしろ今回の報道ラッシュで、私が不思議に感じたのは、テレビに出てくる良識派コメンテーターの皆さんが、タトゥーについては、思いのほか寛大であったことだ。

彼らは、タトゥーを責めない。

麻薬については、白々しいほど執拗に非難の声をあげていたのに、だ。

なぜだろう。

麻薬とタトゥーは別物だからか?

まあ、たしかに別物ではある。

でも、関連事項だと思うのだけどなあ。

コメンテーターの皆さんは、法律違反でない以上、タトゥーの有無は趣味嗜好の問題だ、と、かように考えていたのだろうか。

あるいはファッションについて差別をすべきでない、ぐらいな、リベラルな立場で臨んでいるのであろうか。

あるいは、あまりにも多くの大物芸能人が、既にスミ入りになってしまっている現状を鑑みて、彼らの手前、コトを荒立てるのもナンだし、モノ言えば唇が寒いってなお話であるのだろうか？

いずれにしても、不見識だと思う。

スミを入れるのが個人の自由であるのだとしても、スミ入りの人間を、子供が見る番組で持ち上げていて良いはずがない。当たり前の話だ。

が、スミ入りの芸能人は、今日も堂々とテレビに出ている。

彼らは、それを隠そうとさえしていない。

エグザイルの面々や、安室奈美恵や、浜崎あゆみ（↑タトゥー疑惑あり。グレーゾーンとはいえ濃厚）みたいな、中高生のライフスタイルに巨大な影響力を及ぼしていると思われる芸能人が、いずれもタトゥー入りであることのオーラを利用しつつ、ばんばんテレビに出ている。

これは、異常な事態ではないのだろうか？

銭湯やプールでは、入れ墨者の入場をご遠慮願う建前になっている。

なのに、テレビはフリーパスだ。

ってことは、テレビの画面は、風呂屋よりも公共性が低い場所なのか？

……って、私は、いま、おっさん臭い説教をしているのだろうか。

アタマのカタい、柔軟性を欠いた、想像力の貧困な典型的なニッポンの中高年らしい、加齢臭紛々のご意見を開陳している……みたいに見えているのだとすると、ちょっと悲しい。

でなくても、「日本人はタトゥーについての認識が遅れている」ぐらいに考えている人々はきっといる。

「海外じゃおしゃれのひとつよ」

「そう。ベッカムとかトッティーみたいなサッカーのトップ選手も入れてるしね」

「バスケットボールの選手もタトゥーだらけよ」

「ヒップホップの連中なんか、タトゥーの無いヤツを探す方がホネだぞ」

「っていうか、ハリウッドのセレブだって軒並みタトゥー入りだし」

「偏見持ってるのって日本人だけよね」

「はずかしいね」

……と、こんな感じだろうか。

百歩譲って、近年、欧米の一部の人々の間で、タトゥーがブームになっている事実は認めても良い。というよりも、認めざるを得ない。事実だからね。

で、そのタトゥーのブームが、もっぱら、ハイセンスで、ハイブローで、ハイファッションで、ハイソサエティーな人々の心をとらえているということについても、半分ぐらいは認めよう。実際、スポーツや音楽の世界では、これはと思う人たちがモロにスミ入りだったりするわけだし。

でも、日本では事情が違う。うちの国は、刺青について、長く暗いネガティブな歴史を持っている。そして、現在でも、スミ入りの人々による威圧は、威圧それ自体として産業になっている。そういう事情がある。

タトゥーは文化のひとつだ。

とすれば、その文化的な意味は、国や時代によって大きく違っていてしかるべきものだ。21世紀のヨーロッパ社会でタトゥーがファッションアイテムのひとつになっているのは、彼らの文化の中に、刺青についてのネガティブな歴史がなく、入れ墨者に対する恐れや偏見が希薄だからだ。

が、わが国には、長い伝統がある。

その伝統に照らして、入れ墨は、裏社会に閉じ込めておくべきものだと私は考える。

スミを入れたい人は入れれば良い。

でも、スミを入れた以上、表舞台に出ることは断念せねばならない。

ホテルのプールや、公式なパーティーや、公衆浴場には、スミ入りの肌で現れないでほしい。また、そうする覚悟が無いのなら、はじめから入れ墨など彫らないことだ。

「タトゥーと麻薬は、直接には関係無い」

と言う人もいるだろう。

まあ、直接的には無関係だ。タトゥーを入れた人間は、麻薬をやりたくなると決まっているわけではないし、麻薬を吸うと肌にタトゥーが刻まれるというわけでもない。

でも、間接的には関係がある。

関係というのはそういうものだ。

たとえば、今回話題にのぼった4名（押尾君と亡くなった女性と、のりピー夫妻）が、いずれもタトゥー入りの人々であった。

そうでなくても、タトゥーとクスリの相関は異様に高い。洋の東西を問わず、時代の今昔にかかわらず、だ。

なんとなれば、人々を動かしているのは、美意識だからだ。

タトゥーのある肌を見て「カッコ良い」と思う美意識の持ち主は、麻薬関連の風俗や事象を同じく「カッコ良い」と思う。

というのも、麻薬もまた文化である点においては、タトゥーと同様で、いずれにせよそれらは、少なくともそれらに手を出している当人にとっては、何らかの「美」（ないしは「生きざま」）を表現しているはずのものだからだ。

タトゥーを彫るリスクと、麻薬に手を出すリスク。リスクを犯す度胸。そして、それを誇示する心性。タトゥーと麻薬には、深く通底する何かがある。文化的には兄弟と言っても良い。タトゥーの痛みに美を見いだす人間は、おそらく、クスリのリスクにも同じ種類の反応を示す。そういうことだ。

でもまあ、私のような者が、目くじらを立てたところで何がどうなるものでもない。

オレらパンピーは、

「ああ、この人はタトゥーを入れるタイプの人間なのだな」

と、そう思って判断材料のひとつにしていれば、それでOK。それ以上かかわる必要はない。ムキになって撲滅しにかかるなんて、愚の骨頂だ。

それに、たぶん、刑事さんにとっては、目印になっている。そういう意味で、タトゥーは麻薬捜査に貢献しているのかもしれない。

というわけで、タトゥーについては、むしろ推奨しておくのが良いのかもしれないな。

内偵開始フラグとして。


（「週刊ビジスタニュース」2009年8月）

ヤクザなヒーローの時代

吉本興業をめぐるスキャンダルは、このまま放置されることになるのだろうか。現在のところ、いくつかの週刊誌で代理戦争じみた口論が繰り返されてはいるものの、新聞はあんまり興味を示していない様子だし、テレビはテレビで、一秒たりとも報じていない。* 経過や背景について突っ込んでいないだけではない。そもそも、内紛があったということ自体を完全にネグっている。

それもそのはず、この種の問題においては、誰かの発言を紹介すればほかの誰かの機嫌を損ねる決まりになっている。と、そう思ってまわりを見回してみると、当スキャンダルの主要キャストは、いずれ劣らぬコワモテ揃いだ。現経営陣側、カウス周辺、創業者一族、あるいはそれぞれの人々の背後にいると思われている面々……考えただけで憂鬱になる。とすれば、波風を立てるのが大嫌いなテレビの連中が、そんな面倒な事件を報道するはずがないし、それ以前に、そんな物騒な現場を取材せねばならない道理が見つかりませんのですよ。

＊…2007年4月、吉本興業の副社長が、創業家当主とつながりのある元暴力団員に脅迫されたと週刊誌が報じたことに端を発する、吉本経営陣と創業家との対立スキャンダル。その後、中田カウス特別顧問が暴力団の力を借りて吉本の経営に影響を与えたとする、創業家当主の手記が別の週刊誌に掲載されるなどして、誌面を借りた代理戦争の様相を呈した。

波風はテレビのネタモトじゃないかって？

まあ、フィクションとしてはそうだ。

が、リアルな波風は、ヤクザさんの専売特許だ。そう。トラブル・イズ・マイ・ビジネス。暴力団にとっては、波風こそが商売のモトだったりする。

何も無い水面に、要らぬ波風を立てれば、そこに介入の余地ができる。で、カネに結びつく民事に暴力でもって介入することができれば、そこに彼らのシノギが成立するわけだ。

であるからして、昔から興業の世界は、ヤクザものの黄金郷だった。誤解してはいけない。テレビ局がかかわっているオモテの世界のエンターテインメントにヤクザが食い込んだのではない。むしろ、ヤクザがやっていた興業のおこぼれを頂戴する形でテレビや映画をはじめとするエンターテインメント産業が成長してきたのであって、発生順を考えれば、むしろヤクザが本体で、オモテの芸能界の方が寄生虫なのである。

……というのはいくらなんでも言い過ぎだ。うん。撤回する。

しかしながら、オモテの芸能界と、ウラ社会の間の、どこからどこまでに、どういう付き合いがあるのかはとりあえず措くとして、だ。ここ最近の風潮で問題なのは、オモテの芸能界が、ウラ社会の代弁者の役割を果たしつつあることだ、と、当方は愚考している次第だ。

たとえば、この5年ほどの間にドラマ化されたヤクザがらみの作品を見てみると、どれも暴力団を肯定的に扱っている。びっくりだ。

マイボス・マイヒーロー、セーラー服と機関銃、タイガー&ドラゴン……どれを見ても、ここで描かれているヤクザは、「愛嬌があって」「正義感が強くて」「弱いモノいじめが大嫌い」という人物設定になっている。ただ、「カッとなりやす」くて「後先を考えない」傾向があって、「ちょっと見栄っ張り」だったりする結果として、ついつい法律を犯してしまうこともあるわけですが……と、こんなバカな（↑つまり、ヤクザにとってあまりにも都合の良い）設定があってたまるものか、と、たぶん、マル暴の刑事さんは心を痛めていると思う。

だって、ガチなヤクザは、正義感のカケラも持たない、卑劣な、弱い者いじめ大好きの、どうにもならない根性ワルなのであって、多少ともマトモなヤクザがいるとしたら、そういう人間はさっさとアシを洗っているはずだからだ。

では、どうしてこんな非現実的な設定がまかり通るのかというと、結局、ドラマの現場が「アンチヒーロー」を必要としているからなのですね。

昭和の時代には、「アンチヒーロー」にも、いくつかのパターンがあった。ロックンローラーとか、革命家とか、脱サラ起業家とか、あるいは、冒険家や放浪の芸術家でも良かった。いずれにしても、既成の秩序になじまない、学歴社会やサラリーマン秩序とは別の枠組みで活躍する人間の生きざまを提示できれば、そのドラマはロマンチシズムを放射することができたのである。

ところが、21世紀になってみると、世界はドン詰まりに陥っていた。一見自由になったように見えるわたくしどもの平成の社会は、その実、細かいところまで網の目が行き届くようになっただけの話で、結局のところ、規格外のヒーローみたいなものが生まれる余地は、ほとんどなくなってしまっていた。別の言い方をするなら、革命家のうさんくささやロックンローラーの空疎さが明らかになってしまった21世紀にあっては、昭和の時代みたいなクサい青春ドラマは通用しなくなったわけだ。

で、こうした状況の中、テレビは、全世代の半数以上を占め、依然としてテレビ視聴者の大多数を形成している低学歴でうだつのあがらない下層市民に向けて、輝かしくもあらまほしき一発逆転のファンタジーを提供せねばならない。

インテリでなくても、金持ちでなくても、それでも、そんなオレたちがこの窮屈な世の中をひっくり返す夢を見られるような……そんなファンタジーを、だ。

でもって、ひねり出されてきた答えが「ヤ・ク・ザ」だったりするのは、確かに、猛烈に淋しい話だ。

が、事実なのだから仕方がない。この窮屈な現代社会からの脱出口は、ヤクザ方向にしか開いていないわけなんだからして。てなわけで、ヤクザ者の美学（腕っ節の強さと女にモテることカネと度胸を至上の価値とする弱肉強食のマッチョイズム）を体現するテのキャラクターがヒーローとして待望されることになるわけだ。

……って、誰かに似てないか？

そう。吉本の芸人です。

準構成員な着こなし（↑千原兄弟）、チンピラなもの言い（↑ロンドンブーツ）、ヤンチャな人生観（↑紳助）、放埒な下半身（↑さんま）、武勇伝な来歴（↑カウス＆ボタン）、壮烈な死に様（↑色々）。そして、マッチョな秩序感覚と弱肉強食の上下関係と、打てば響く抜け目の無さと目からハナに抜けるアタマの良さ。

うん。結局、格差社会にこそダーティーヒーローが必要、と、そういうことなのだな。

（「週刊ビジスタニュース」2007年4月）

腐った羊水の中で

倖田來未羊水発言問題*については、既にほかのところで書いたこともあって、ここで取り上げるつもりはなかった……のだが、事件の様相が当初の予想とは違う方向（それもなんだか陰険な方向）に展開している感じがするので、やっぱり触れておくことにする。こういう問題についてだらだらと書けるメディアは、案外ウェブ上にしかなかったりもするのでね。

倖田発言から1ヵ月以上が経過して、事件がすっかり忘れられていた3月のとある日、ニッポン放送は、突然、今回の問題に関する社内処分を発表した（http://www.zakzak.co.jp/gei/2008_03/g2008031202_all.html）。

右記リンクの記事では、

「同番組の担当者のほぼ半数を異動させた」

てなことになっている。マジか？　半数って……もしかして、これは「失言をネタに、ニッポン放送社内で何らかのクーデターが敢行された」というふうに読み取るべきなのだろうか？　陰謀？　策動？　社内派閥抗争とか？　それともこれはやはり真正直にモロな処分で、ニッポン放送は、いつの間にやらこういう過剰反応をやらかす薄気味の悪い組織になっていた……と、そういうことなのだろうか。いずれにしてもびっくりだ。驚天動地。あんまりバカげている。

本題に入る前に、ざっと経緯を振り返っておく。

1. ラジオの深夜番組（オールナイトニッポン）の1月末放送分のトークの中で、倖田來未@歌姫が、「35歳をまわるとお母さんの羊水が腐ってくるから……」云々と発言する。

2. この発言が、一部リスナーの間で話題になる。「ひどいんじゃないか」と。

3. 2ちゃんねるにチクられて騒動拡大。不謹慎が持ち前であるねらーの皆さんも、ことこの話題に限ってはすっかり良識派。「子供が欲しくても授からない女性や、高齢出産を控えた不安なママたちに対してあまりに残酷」とか、素敵に人権なご意見が殺到。瞬く間にスレッド乱立で祭り状態に。

4. スポーツ新聞&ワイドショー（←最近、この両者の癒着ぶりはすごい。取材の省力化と影響力の相互利用を兼ねて、ほぼ一心同体の報道体制を展開している）がネタにしてさらに事件拡大。失言→反響→祭→騒動→事件→社会現象ぐらいなマッチポンプ拡大過程ですね。

5. 謝罪会見&火消し報道。

＊…2008年1月に放送された、ラジオ番組「倖田來未のオールナイトニッポン」内で「35歳をまわるとお母さんの羊水が腐ってくるんですね」と発言。ネット、メディアで大バッシングが起きる事態となった。

6．活動自粛。

と、ここまでのところは、まあ、予想の範囲内だった。だから、この段階における私の感想は、以下に述べるところに尽きていた。

1．発言の悪質さはともかく、騒ぎが拡大した原因の主たる部分は、倖田來未の所属事務所であるエーベックスと2ちゃんねらーの間にわだかまっている古い確執（「のまねこ騒動」および「浜崎あゆみ盗作疑惑&差別発言ネタ」をめぐる一連のやりとり。詳しくはググってください）にあるんではなかろうか。

2．謝罪会見はどうせパフォーマンス。黒ずくめとかスッピンメイクとかCX独占とか、火消しのシナリオが見え見え。笑えるぜ。

3．活動自粛もどうせ織り込み済み。休養を兼ねた話題作りぐらい。ま、それにしたって過剰反応だとは思うが。

4．で、自粛以後の近況報告は、和田アキ子ラインからのリーク頼り。なんとも恥ずかしげのないプロパガンダ。それでも、スポーツ紙は、和田報告で見出しを作り、ワイドショーも和田インタで枠を埋めることになっている。アッコ機関だな。こうなると。WCIA。

ああいやだ。
5. でも、3月からのコンサートはやるはず。なにしろ動くカネがデカ過ぎるから。
6. 浜崎に比べて、倖田はあんまり大切にされてないのかも。
7. っていうか、エーベックスって社内的な統一がきちんと取れてないのかもしれないな。
8. 中居君との交際報道に対するペナルティーの意味もあったのかも。

さて、ニッポン放送の大量処分だ。

確かに、倖田発言騒動がピークにあった当時から、一部の論者は「生放送での発言ならともかく、録画完パケの番組でこういう発言が送出されたということは、一タレントの失言では済まない」「担当ディレクターなり番組プロデューサーなりといった、放送局の責任も問われるべき」てなことを言っていたのは事実で、そうした指摘がまるで的はずれだったわけでもない。

まあ、一定の責任はあるんだろうさ。

でも、普通、始末書でおしまいじゃないのか？

というよりも、この程度の失言でいちいち社員が処分されるようでは、とてもじゃないけどラジオなんて成立しないぞ。

いつだったか、当コーナーで書いたことがあるかもしれないが、私はAMラジオのファンだ。

「一番好きなメディアは?」という質問には、必ず「AMのラジオ」と答えることにしている。学校を出て勤めた会社をフケた後、最初に出入りしていたのがラジオ局であったこともあって、私は、昔からラジオびいきなのだ。

なにより、その自由さと、いい加減さが好きだ。

というのも、活字として証拠が残る新聞雑誌や、自らの影響力のデカさに自分でビビっているテレビメディアと違って、ラジオの言論は、基本的に「言いっ放し」(↑&「良いっ話(笑)」ね)だからだ。

もちろん、原則論を言えば、放送には責任があるし、表現には節度が必要だ。報道は裏を取らないと成立しない。それはわかっている。

でも、たとえばAMラジオの深夜放送みたいな限られたリスナーを相手に展開している密室メディアは、多少の事実誤認があっても、行き過ぎの表現があっても、大筋問題はないのだ。なあに、かまうことは無いさ……と、そういうふうにして長い間ラジオは作られて来た。だからこそ、ほかのメディアでは到底いじれない話や、テレビでは絶対にできないトークがラジオでは聴けたわけで、たとえばビートたけしみたいな人の場合は、ラジオでしゃべっている時の方がテレビ出演時よりも5倍ぐらい面白かった(↑「たけしのオールナイトニッポン」で検索してみてくれ。w・i・k・iの記述を見るだけでも、全盛期のたけしのヤバさと面白さの片鱗がわかるはずだから）のである。

倖田＠歌姫が活動を自粛しようが再開しようが、私としては、本当のところ、どっちでも良い。正直な話、興味が無い。謝ったフリをしたり、反省芝居を演じた上で、適当な時期に白々しく復帰すればそれでOKなのだと思っている。好きにしてくれ。でも、こういうことでメディアの責任が問われたりするということは、これは問題が別なのだよ。だって、これ、一種の言論弾圧じゃないですか。いや、「羊水発言」みたいなタコなご意見が擁護されるべきだと言っているのではない。無神経な発言を野放図に垂れ流す権利が、無制限に認められることが、民主主義社会の実現にとって不可欠であるとか、そういう論陣を張りたいのでもない。

ただ、この先、おバカなタレントの思いつきの失言が、番組制作者の失点としてカウントされるみたいなことが定着してくると、放送局社員の出世双六レースにおいて、「無難」ということが、第一優先の目標になってしまう……と、そこのところを私は懸念してやまないのである。

ただでさえ、うちの国のメディア企業は、腰が引けている。特に、この10年、やれユダヤ関連の間抜けな記事で雑誌がひとつツブれたとか、○○に関する○○な表現をうっかり載せてしまった写真集のおかげでどこかの会社がまるごと糾弾の対象になって社員さんが雁首を揃えて研修を……とか、三浦元社長（↑どこも「容疑者」と書けないんだね）や野村サッチーをめぐる名誉毀損訴訟でマスコミ側が連戦連敗したというようなことが続いていて、私がかかわっている雑誌の編集部も、露骨に慎重になってきていたりする。

人権を守るのは大切なことだ。人々の名誉に配慮することも、不可欠な心構えなのだと思う。でも、ものを書く人間や放送にたずさわる人間が臆病になってはいけない。面倒くさそうな団体や訴訟を起こして来そうな相手に対して、事前に表現を自主規制してしまったり、議論を呼びそうな表現や抗議がやってきそうな主張について、あらかじめの自粛と相互監視が横行するようになると、記事は間違いなく死ぬ。というよりも、議論も起こらず、誰も傷つけず、どこからも抗議が来ないような記事なら、はじめから書く必要さえありゃしないのだ。

おそらく、臆病な編集者や、チキンなディレクターは、今回の事件から、およそシケた教訓を引き出している。「おいおい、うかつな人間を使うとこっちの身の破滅になるぞ」とか。とすると、私のような書き手は、ちょっと使いにくくなるんではなかろうか。くぅーちゃんほどナイーブではないにしても、彼女と同じ程度に無遠慮ではあり得るわけだから。

面倒くさいなあ。って、最後に、個人的な愚痴でオトしてしまったところが当記事の欠点といえば欠点。でも直さない。ウェブでぐらい自由に書かせてくれよ。な。

（「週刊ビジスタニュース」2008年3月）

3

Walk on the Wild Side

「アベノミクス」の勝利

昨年の暮れか今年のはじめだったと思うのだが、さる週刊誌の編集部から安倍政権について電話取材があった。

担当の記者は、最初に「アベノミクスの正否についてどのように考えるのか」といった感じの質問を投げかけてきた。

私は、しばらく考えて「大成功だと思いますよ」と答えた。相手は意外そうな声で、「なぜですか？」と尋ねてきた。

おそらく、編集部は、アンチ安倍側のコメントを調達する要員として、「オダジマ」の名前をリストアップしていたのだと思う。であるから、「アベノミクス大成功」という私の回答は、彼らにとって想定外だったのだろう。

「だって記事を書く人たちがアベノミクスという言葉に乗っかった企画を立てている時点で、安倍さんの狙いは大当たりじゃないですか」と、私は、電話に向かってこんな感じのお話をしたのだが、記者さんは、わかったような、わからないような返事をして話題を変えた。

ちなみに、この時の電話取材は、記事にならなかった。以来、私の見方は変わっていない。アベノミクスは成功している。それも、望外の大成功をおさめた。そう申し上げなければならない。

理由は、さきほども述べた通り、あらゆるメディアが「アベノミクス」という言葉を使っているからだ。

誤解してもらっては困る。経済政策としてのアベノミクスが成功しているのかどうかは、私にはわからない。そんなことを私に尋ねられても困る。

であるから、その点については、「わかりません」とお答えしておく。

その上で、私が強調したいのは、「アベノミクス」が、経済政策として機能する以前に、むしろ、経済政策を隠蔽する用語として、見事にその役割を果たしているということだ。

思うに、政権の側が用意したスローガンなりキャッチフレーズを、メディアの人間がそのままのカタチで使ってしまうことは、その媒体が政府の御用聞きに成り下がったことを意味している。

新聞社の中で記事の差配をする立場にある人間が、政府のプレスリリースに書いてある経済政策のタイトルを、丸写しのカタチで見出しに採用していたのだとしたら、そのデスクなり編集長なりは、職務放棄をしていると言われても仕方がないということだ。

しかも、そのタイトルが、よりにもよって、「アベノミクス」だ。言ってみれば、総理の名前を冠しただけの「オレオレ経済政策用語」だ。

こんなずうずうしい名乗りを、うやうやしく拝受して、そのまま見出しに書いてしまうやりざまは、所作としては召使のそれに近い。

三太夫根性と申し上げてもよい。「殿のおぼしめしはアベノミクスなるぞ」てなことを、大音声で呼ばわりながら松の廊下を走り回る木っ端役人とどこが違うというのだ?

当稿では、「アベノミクス」という名前が、何を意味し、何を隠蔽しているのかを明らかにし、この言葉を使っている人間が、どんなふうに思考停止し、いかなる経路で敵の思うつぼにハマっているのかを解明したいと考えている。

経済に関するお話は書かない。

理由は、私にとって経済が専門外だからでもあるが、それ以上に、「アベノミクス」が、経済用語ではないからだ。

さよう。アベノミクスは、経済用語ではない。経済隠蔽用語だ。

「アベノミクス」は、国民の目を経済の実態やその政策の正否からそらせるために発明された戦略的目くらましワードだ。

個々の金融政策促進策や、財政出動や、税制改革や、民間投資については、それぞれの名前があり、それぞれについて詳細な説明がある。

それらの、個々の施策や方針について、相応の解説を付す記事が書かれているのであれば、それを読んだ読者は、個々の政策なりについて賛否を述べることもできるし、疑問を呈することも可能だ。場合によっては、反対運動を始めることだってできるだろう。

が、それらを総称して、「アベノミクス」と表記してしまったら、記事の書きようはずっと窮屈になる。説明だって簡単にはできなくなる。

なぜなら、総称はあくまでも総称で、その内には、膨大な内実が含まれているからだ。そんな大がかりなものをいっぺんに説明することなど、できるはずがないではないか。

で、結果として、いきなり持ち出された総称は、その内部に畳み込まれた未検討の内容をまんまと隠蔽するに至るのである。

たとえばの話、憲法について考える時、どんなにアタマの良い人間であっても、個々の条文のそれぞれの意義と内容について、ひとつずつチェックしないとその全体像を把握することはできない。

説明する場合も同様だ。

日本国憲法を3行で説明しろ、と言われて、3行で説明できてしまう人間がいるのだとしたら、その人間は、うそつきだ。でなければ、バカだ。

現代は、忙しい時代だ。

あらゆる事象を5秒で切り取り、3行で説明する有識者が求められている。

じっさい、テレビのスイッチを入れると、要約専門の、説明能力の権化みたいなコメンテーターが、世界中のすべての事件を5秒でやっつけていたりする。

でも、経済政策は、無理だ。

説明するにしても、補足するにしても、反論を加えるにしても、3行で要約することは到底不可能だ。

憲法についても同様で、あたりまえに勉強するつもりなら、面倒なようでも、一文ずつ、すべてを読まないといけない。でないと、全体どころか、一部分さえ理解することはかなわない。憲法を総称して「オレたちの大切な法律」と名づけたからといって、その中身が了解できるようになるわけではない。アタマに入るわけでもない。

なのに、経済政策については、われわれは、それをやっている。「アベノミクス」という安易なタイトルをつけて、それで、わかった気になっている。

だからこそ、週刊誌の編集部は、「アベノミクスを支持しますか？」などと、およそ大雑把な質問を繰り出すことができるのであり、その空恐ろしい質問に、わかってもいないくせに回答を提供できる有識者がいるからこそ、記事が刷り出されてきたりもするわけなのだ。

しかもその「アベノミクス」なる総称は、安倍首相の名前を冠して「安倍政権の経済政策」である旨を宣明している。ということはつまり、この名前は何も言っていないに等しい。いいかげんなビストロがメニューに載せている「シェフの気まぐれサラダ」みたいなもので、客の側からはレシピの内容を類推することさえできない（まあ、どうせ、板場の残り物をかき集めて盛り合わせただけのものなのだ）からだ。

政府の打ち出してくる経済政策に端的なタイトルを付与するのは、本来ならメディアの仕事だ。

が、昨今の新聞社の偉い人たちは、その神聖なる業務を放棄している。

政府が「骨太の方針」と言ってくれれば、その日本語の気持ち悪さを検証することもせずに、そのまま「骨太の方針」という名前で記事を書いてしまう。

「おい、『骨太』ってなんだ?」

「辞書を引くと、《骨格が頑丈な様子》ぐらいの意味らしいけど、政府の方針の大枠に、あらかじめ自画自賛の形容詞がついているのはいかがなものか?」と、単なる一読者にすぎない私でさえ、反射的に疑問を抱かずにおれなかったというのに、記事を吟味し、見出しを考察するはずになっているデスクの人は、何の不審も抱かずに、「骨太の」などといった、たわけたタイトルを通してしまったわけだ。なんということだろう。

で、以来、新聞各社は「今年度の『骨太の方針』は」などと、政府が発表するままの我田引水のキャッチフレーズを丸のみのまま、右から左に垂れ流している。

「構造改革」も、「郵政民営化」も同様だ。政権の側の言い方をそのまま使って記事を書いている。「ねじれ解消」や「決められる政治」に至っては、新聞社の側が野に下って苦しんでいた当時の自民党の意向を忖度《そんたく》して、彼らに都合のよいお題目を考案してさしあげた気味さえある。

どういうつもりなのだろうか。

いずれにせよ、ひと息で発音できる耳に心地よいキャッチフレーズがデスクの前に転がっていれば、彼らはそれを見出しに使って記事を大量生産しにかかる。

中身は問わない。

というよりも、彼らは、ひと目見ただけですべてがわかった気になる言葉が、優秀なヘッドラインなのだと考えているわけで、しかも、その種の「思考停止ワード」を多用すればするほど、紙面の魅力がアップすると思い込んでいる。

アベノミクスは、その典型例だ。

内容が希薄で、なおかつ語呂がいい。

だから、どこにでもどうにでも使いやすい。

問題は、「アベノミクス」のようなアタマに人間の名前を冠した言葉を安易に流布させてしまうと、そのタイトルが指し示すところの内容について吟味することが、次第に困難になることだ。

これは非常にやっかいな副作用だ。

単純な話、「アベノミクスを支持するか?」と質問された時、多くの人間は、「アベノミクス」が本来意味している「安倍政権下で実施されている各種の経済政策」の内実について考えない。質問された人間は、「アベノミクス」に含まれる「アベ」という接頭辞に反応して、反射的に安倍晋三氏個人への思いを語るか、あるいは、安倍政権自体への賛否を答えることになる。

この質問がたとえば、「消費増税」なり「金融緩和」なりという、特定の施策についてその賛否を問うものであったなら、人々の回答もまた、個々の経済政策への評価になったはずだ。

つまり、「アベノミクス」という言葉を使った瞬間に、その内実は、支持する場合でも不支持を表明する場合でも、経済そのものとは一歩遠ざかった、曖昧模糊とした像を結ぶことになるということで、結局のところ、「アベノミクス」は、人々の目から、「経済」を隠蔽する役割を果たしているのである。

もうひとつ言うと、「アベノミクス」は、用語として、あらかじめ一定量の「権威」ないしは「称賛」を含んでいる。この点で、現職の総理が打ち出している現在進行形の経済政策に冠せられるタイトルとしてはふさわしくない。というか、どうにもこうにもアンフェアなのだ。

一般に、なにかのタイトルとして、人名にちなんだ名前が採用されるのは、その人名が「大物」である場合に限られる。

たとえば、「三島文学」というのは、辞書的な意味としては「三島由紀夫の文学」というだけの言葉だが、文学ファンがこういう言い方をする時には、「三島由紀夫の素晴らしい文学」というニュアンスを含んでいる。

「三島文学における背徳と美」

「三島文学ゆかりの地」

という表現も、三島由紀夫なる作家が「文学」という大仰な看板と並べて見劣りのしない金看板であることを前提として成り立っている。

逆に言えば、そこいらへんのチンピラ文筆家の作品群を総称するにあたって、「文学」という言葉は使わない。

事実、「小田嶋文学」などという物言いは、グーグルで検索したところで、ひとつかけらも出てこないし、百田某がいかにベストセラー作家になりおおせているのだとしても「百田文学」という言い方でその作品に言及する批評家はいまのところ現れていない。

すなわち「アベノミクス＝安倍経済論ないしは安倍経済政策」という言い方が許されるためには、「安倍」なる人物が、碩学ないしは経済通でなければならないのであって、ポイントカードとクレジットカードの区別もつかない3代目の素人が、自前の才覚で一大経済理論を吹きまくるなんてことが許される道理は、まったくもってありゃしないのである。

「トルーマン・ドクトリン」でも「ドゴール主義」でもその種の言葉は、歴史に名を刻んだ大政治家のオリジナルということになっている。

安倍晋三が、同列に並ぶ名前だというのか？　冗談じゃない。

ボクシングの世界には「アリ・シャッフル」という言葉がある。

意味合いとしては「左右の足を交互に前後して踊るように動く素早いフットワーク」のことだ。

この名称に「アリ」という人名が含まれているのは偶然ではない。というよりも、「アリ・シャッフル」という言葉自体が、この名称の由来となったモハメド・アリという不世出のボクサーへの賛辞になっている。動作や技に名前がつくというのは、そういうことだ。

実際、アリ・シャッフルは、対戦相手を翻弄し、観客を魅了する目的で繰り出される極めて装飾的なステップであり、本筋のボクシングのフットワークとは別の文脈に属する動作だった。

それでも、その、実戦的にはあまり意味のないフットワークに「アリ・シャッフル」という名前がついたのは、真剣勝負のさなかに、こういう人を舐めたようなエレガンスを繰り出すことができた人物が、後にも先にもモハメド・アリただ一人であったことへの、ボクシング・ファンの賛嘆の念の表れなのである。

もうひとつ例をあげる。

サッカーの世界には「クライフ・ターン」と呼ばれるフェイントがある。

言葉で説明すると、「ボールが自分の軸足の後ろを通過するようにして相手の逆を取るフェイント」てなことになって、なんだかわかりにくいのだが、動画で見れば一発でわかる。

「ああ、あの不思議なフェイントか」という、その、アレだ。

現在では、ちょっと小生意気な中学生ならやってみせることもある大衆的な技術になっているが、1970年代に、オランダからやってきたヨハン・クライフという痩せっぽちのサッカー選手がはじめてこの動きを披露した時には、世界中のサッカーファンが驚嘆したものなのである。まるで魔法のようだ、と。

だからこそ、人々は、この独創的なフェイント技に、その完成者であるヨハン・クライフの名を刻んだのだ。

そんなわけなので、「アベノミクス」という言葉をはじめて聞いた時、私は、ほとんど反射的に「ケッ」と思った。

「なーにがアベノなんたらだか」

「調子ぶっこいて自分の名前アピールしてんじゃねえぞこのタコ助野郎が」

私はアタマにきた。

アリのためにも、クライフのためにも、こういうネーミングが許されてよいはずがないと思ったからだ。


なので、アベノミクスの中身については、今にいたるもろくに検討していない。

もっとも、詳細に勉強したところで、私には、どうせ経済のことはわからない。

いまだにアタマにくるのは、このいけずうずうしい僭称《せんしょう》が発表されるや、その日のうちに、朝日新聞社をはじめ、日経、読売、毎日から産経、東京に至るすべての新聞が、ノータイムで丸乗りしたことだ。

つまり、日本の報道機関は、いつの間にやら政権の物言いをそのまま伝える広報装置に姿を変えていたのである。

この種の経済政策に、人間の名前に寄りかかった属人的なタイトルをつけると、経済への見方もモロに属人的になる。

属人的になるということは、言葉を変えて言えば「中身を検討しなくなる」ということだ。もっと踏み込んで言えば、「思考停止」を誘発することでもある。

つまり、「アベノミクス」が問うているのは、安倍という人間への賛否であって、その経済政策への評価ではないわけで、結局のところ、安倍さんは、自分の経済政策を隠蔽している。

たとえば、日銀の金融緩和に賛成している人々の中には、このタイミングでの消費増税を必ずしも支持していない組の人たちがたくさんいる。

インフレターゲットに真っ向から反対している人もいれば、円安を危険視している人たちもいる。で、そうした人々の一人ひとりに、その理由を尋ねてみると、あらゆる前提についての説明はまるで千差万別だったりする。

すなわち、アベノミクスという6文字にまとめられてはいても、その中身には、多様な解釈の余地を含んだ政策群が格納されているわけで、おのおのの施策には、様々な立場の人々のそれぞれの賛否が寄せられてもいるのだ。

そういう、本来なら実りあるはずの闊達な議論を、「アベノミクス」は、すべてをひっくるめて6文字のカタカナにまとめあげることによって、事実上無効化してしまっている。

「アベノミクスを支持しますか?」

「いや、アベノミクスと一言で言われちゃうと困るんだけど、私の場合、リフレ政策を推進する立場にあるので、一部支持、一部不支持という言い方をするほかにどうしようもないわけですが」

と、普通に考えれば、この種の議論はこの程度には錯綜していてしかるべきなのだが、そこのところの議論を、「アベノミクス」は単純化してしまう。

単純化というよりは、無化かもしれない。なぜなら、「アベノミクス」みたいなまとめ方をしたがさいご、実効的な議論は不可能になるからだ。

ただでさえ安倍支持層は、細部について考えることを嫌う。


何ヵ月か前、ときどきツイッターでやりとりをする知り合いの経済学者の先生が、アベノミクスに含まれる政策の一部に苦言を呈したことがある。

内容は、無論、経済の話だ。

この苦言に、経済の議論で反論が返ってくるというのなら話はわかるのだが、その先生の言うには、ツイッターを通じて反論を寄せてくる人々のほとんどが、「反日」「売国」「サヨク」「在日」と、経済とは無縁な罵倒を並べる安倍シンパのチンピラであったのだそうだ。

ありそうな話だ。

安倍さんを支持する層のうちで最も活動的な人々は、経済を解さない。解するも解さないも、それ以前に、彼らは経済に関心を抱いていないし、理解する気持ちも持っていない。

わからないだけではない。はなから勉強するつもりを装備していないのだ。経済のようなむずかしいことは、アタマの良い連中が考えることだとテンから決めてかかっている。

アベノミクスは、その種の反知性主義をかかえた経済無関心層に、居心地の良い思考停止をもたらすためのおあつらえ向きの安楽椅子になっている。

また、彼らを経済から隔離するためのバリアーとしても機能しているわけで、してみると、アベノミクスがその場で「オレは知らねえよ」に直訳可能なカタカナとして供給されていることの意味は決して小さくないのだ。

ある層の人々は、見たことのないカタカナで提示される事象については、はじめから理解を拒むことにしている。

で、おそらく、安倍シンパのコアな部分を占める若い人たち（アベ・ユーゲント？）にとっては、アベノミクスは、永遠にカタカナのままであるほうがありがたいのである。

無論、安倍シンパの中にも、それなりの経済通はいるだろうし、その中には、アベノミクスを総合的に評価して考えることのできる賢い人々もたくさん含まれているのだろうとは思う。

ただ、ネットで活発に発言する安倍支持者が、経済にはほとんどまったく興味を示さない人々であることもまた事実なのであって、彼らは、「日本」「愛国」「戦後レジーム」「改憲」「靖国」「慰安婦」「アカピ」「ブサヨ」「在日」「売国」といった単語を繰り返しタイプする以上のことはあまりしたがらない。

であるから、「アベノミクス」は、彼らの中では、安倍シンパとアンチ安倍を仕分けるためのリトマス試験紙として扱われている。

彼らはアベノミクスに期待しているから安倍政権を支持しているのではない。

順序が逆だ。

彼らは、安倍さんを支持するからこそアベノミクスを持ち上げることに決めているのであって、自分たちが信頼し応援している安倍さんが推進しているアベノミクスが素晴らしくないはずがないという理路で、それを称揚している。

ということはつまり、経済はどうでもよいわけだ。

要するに、安倍シンパのうちのコアな部分はすぐれて属人的な人々で、彼らは、個々の政策の中身はほとんどまったく知らないし検討もしていない。ただ、安倍さん個人のすることのすべてを丸のみで支持している。

アベノミクスという言葉自体が、そういう属人的な支持者を育てたわけではないのだろうが、アベノミクスへの評価が、支持者にとっても、反対者にとっても、内容よりも、安倍晋三という個人の評価に引きずられがちであることは、動かしがたい事実だ。

結局、「アベノミクス」という言葉は、「安倍好き」と「安倍嫌い」を選別させる弁の役割を果たしてしまっている。

私の経験をお話しする。

昨年来、私は、さまざまな場所で、集団的自衛権や憲法の扱いについて、安倍政権のやり方をいろいろと何度も批判している。

と、ツイッターやメールを介して、反論がやってくる。

すべてに返事を書いているわけではないが、私は、時間に余裕のある時には、ある程度真面目な反論を寄せた人間と対話することにしている。

で、多くの場合、議論は、

「どうして安倍さんがそんなに憎いのですか?」「要するにあなたは安倍首相が嫌いなのですね」という決めつけられ方で終了することになる。

なんというのか、政策や政治姿勢についての賛否を語っていたはずなのに、さんざんやりあった最後は必ず「嫌悪」や「憎悪」の次元の話として処理されてしまうのだ。

これは、議論の相手が、私の言説を感情レベルの罵倒や中傷に見せかけようとして言っている立論と見ることさえできる。

が、彼らは、そこまで悪辣な人々ではない。おそらく、彼らは、「安倍さんの悪口を言う人は安倍さんを憎んでいる人に違いない」ということをごく自然に信じているのだと思う。実際、安倍シンパには、そういういじらしい面々が多いのだ。

安倍支持層は、安倍政権が打ち出している個々の政策を支持しているのではない。彼らは、言ってみれば「安倍」という気分ないしは現象に共感を抱いている。

そして、その「気分」の根の部分には、「戦後レジームからの脱却」というあの茫洋としたルサンチマン（第一次世界大戦後のドイツが「ベルサイユ体制の打破」と呼んでいたものに酷似した何か）が広がっている。

そういう意味で、安倍支持者は、特定の政策や政治思想によって連帯しているというよりは、「日本が不当におとしめられている」という被害者意識によって結ばれている人々だ。この2年ほど、ツイッター上で幾多の安倍シンパの若い人たち（だと思う）と対話をしてきて、私には、その確信がある。彼らは、安倍さんの「ファン」なのだ。

で、そういう安倍ファンの耳に「アベノミクス」は、「日本の誇り」「日本が日本であるための条件」「日本を取り戻すための基礎」「日本の独自性」ぐらいな、天然の金科玉条に翻訳されたカタチで受け止められている。

だからこそ、「アベノミクス」に批判を加えた人間は、ただちに「反日分子」に分類され「売国」認定を受けるのだ。

安倍さんを特に支持していない人々であっても、「アベノミクス」という言い方で問われる政策には点が甘くなる。

というのも、「アベノミクス」は、「個々の具体的な政策」を覆い隠して、「全体としての政府の方針」をイメージさせる言葉だからだ。

当然、それを受け止める側は、「もう少し長い目で見てやろうじゃないか」「お国のやることなんだから短兵急に結論を出すものじゃない」と、一種寛大な気分で政策を評価する。

以上のような状況で、メディアが「アベノミクス」を安易に連発することは、政権を下支えする動作になる。

具体的に言えば、「アベノミクスの正否」だとか、「アベノミクスへの賛否」という問いの立て方で記事を書いた時点で、その記事は、政府広報と区別のつかないものになるということだ。

そういうわけなので、ジャーナリスト諸氏は、今後、極力「アベノミクス」という活字をタイプしないように心がけてほしい。

代わりに、ひとつ、使い勝手のよい政策ワードをお勧めしよう。

「アベデュケーション（=安倍印の教育政策）」だ。

安倍さんの本当の恐ろしさと間抜けさは、今後、教育畑で表面化してくるはずだ。語感の不潔さもなかなか。

ぜひ、多用してください。

（「Journalism」２０１４年10月）

荒川にカンガルーがいた頃

最初に、懐かしい友だちの話をする。名前は仮にKとしておく。小学校の3年生まで一緒のクラスだった。4年生の時にクラスが変わって、じきにどこかに引っ越して行った。以来、会っていない。

Kはウソつきだった。が、特に問題にはならなかった。嫌われたりいじめられたりということもなかったはずだ。むしろ、人気者だったかもしれない。

Kは探検マニアだった。マニアというよりも、探検隊を組織して、その隊長の任に就くことが彼の生きがいで、その探検隊の結成と存続のために、ときどき、新鮮なウソを供給していた。そういう性分だったのだ。

大切なのは、小学校低学年の子供であった私たちにとって、Kの発明するウソが、魅力的だったということだ。

ある日、Kが

「荒川でカンガルーを見た」

と言い出したことがある。

カンガルー……なんという素晴らしい響きの言葉だろうか。こういうものを持ちだされては、ひとたまりもない。われわれは即座に探検隊を組織する決意を固めた。
とはいえ、いきなり鵜呑みにできる話でもない。なにしろカンガルーだ。1960年代の東京であっても、そこいらへんの河川敷を気軽に走り回っていてよい生き物でないことは、子供でも知っていることだった。

「野うさぎかもしれないよ」

誰かが助け舟を出す。必ずそういう役割の子供があらわれるのだ。Kが持ち出してくる初期状態のウソを、飲み込みやすいカタチに洗練し、奇天烈なプロットに論理的な背景を与えるペテロみたいな子供。私はまだそのミッションを担える人間ではなかった。私は奥手で、天使みたいにバカだった。
ともあれ、この段階で、野ウサギの実在はもはや動かしがたい。われわれは完全に信じ切っていた。本当のことを言えば、東京の町なかを流れる川の河川敷に、野ウサギがいる道理はないのだが、町に生きる子供にとって謎の野生動物が蠱惑的である限りにおいて、結局、それは実在するのである。

「違うよ。1メートルぐらいあったよ」

Kは簡単には譲らない。あくまでもカンガルー説に固執する。そこのところが、彼の素晴らしさだった。Kが頑強であるからこそ、われわれの中の野ウサギは、巨大ウサギに成長することができた。河川敷を疾走する体長1メートルの巨大野ウサギ。それだけでも探検隊を組織する理由には十分だ。

何を言いたいのか説明する。

つまり、ウソには必然性があり、物語があり、夢があるということだ。

引き比べて、事実は事実であるに過ぎない。貧寒で無味乾燥な偶然が、理由も説明も無く無造作に投げ出されている。オチもカタルシスも余韻もない。実に退屈だ。

だからこそ、たとえば、大きな津波がやって来るようなことがあると、しばらくの間、世界はウソだらけになる。

なぜというに、津波のもたらした現実が、われわれの理解を超えているからだ。

たしかに、事実は、無数に転がっている。

津波が来たのも事実だし、原子炉がメルトダウンしたのも事実だ。おびただしい数の人間が命を落としたことも、町が破壊され、放置された牧場の牛たちが骨だけになって死んで行ったのも事実だ。

が、どうしてそのようなことが起こったのかについては、何の説明もない。それらの相互に孤立した悲劇の間隙を埋めるに足る、系統だったストーリーも提示されていない。ただ、破壊と喪失と怒りだけが、ぞんざいに放り出されている。

われわれの神経は、こうした不親切で説明不足なデキの悪い現実に耐えられるようにはできていない。

だから、ウソが生まれる。

説明できないものを説明し、納得出来ない事態を消化するために、とりあえずの足場として、急ごしらえではあっても、それらしいストーリーがどうしても必要だからだ。

ある人々は「天罰」という言葉を持ち出す。

と、その不謹慎な言及は、多くの別の人々の非難を集める。が、天罰を言い立てた人間は、まるっきりの思いつきでそれを言ったわけではない。人々の心の奥底にある不安を代弁したつもりでいる。あるいは、それを利用しようとしたのかもしれない。どっちにしても、彼の脊髄反射のコメントが人々を怒らせたのは、その妄想が、ある切実なもっともらしさを備えていたからだ。

一方には、津波の到来を、人類が文明史的な曲がり角に立っていることを知らせるための、何らかの予兆なのだというふうに説明している人々がいる。

この種の仮説を奉じる人々は、予兆の後の出来事や情報を、ある必然に沿って並べ直すことで物語を完結させようとする。

説明を試みる人たちは、事実の連なりから、何らかの「意思」を読み取ろうとしている。

が、実際のところ、津波は、誰かの意図によってもたらされたものではない。震災後の事態も、特定の思惑に沿って動いているわけではない。われわれ自身も、本当はそのことをよくわかっている。

それでも、ある人々は、何かを説明するタイプの言説に誘引されて行く。あるいは、あれだけ巨大な災害があった以上、そこに意味を求めないことの方が、むしろ困難なことであるのかもしれない。

私が高校生だった頃、あるハンバーガーチェーンについて、「ミミズの肉が使われている」という噂が流れたことがあった。

私自身は、9割方はネタだと思っていた。信じていなかったと言っても良い。でも、残りの1割のところに残った疑念は、長い間消えなかった。完全に退治するまでには、たぶん、10年ぐらいかかっている。

この種の噂は、人間の不安心理や野次馬根性に寄り添う形で洗練されていく。だから、当初はデキの悪い駄ボラであっても、時を経るにつれて、相当に堅固な理論武装の外壁を整えることになる。

噂に信憑性を与えるのはそんなに難しくない。それらしい証拠（「廃棄ゴミを決して従業員に持ち帰らせない」とか「何も生えていない農場を持っている」だとか）をランダムに集めて、それらを矢継ぎ早に並べ立てるだけで良い。そうしておけば、誰かが複数の証拠を接続する理論を発明する。そういう人間が必ずあらわれるのだ。

一方、その種のデマを否定するためには、ゴシップの発生源（↑どんどん増える）が提示するあらゆる可能性を、ひとつひとつ、すべて論破しなければならない。

と、ハタから見ている限り、ミミズ説に分があるように見える。ミミズ仮説は、クリエイティブだし、スリリングだし、なにより自在で刺激的で面白いからだ。ひるがえって、非ミミズ説は、防衛的で、カタにはまっていて、官僚的で、結局のところ、ひとっかけらも面白くない。であるならば、高校生は、必ずやミミズ派言説に傾くはずだ。というのも、定まった未来を持っていない人間にとって、世界は、素っ頓狂であればあるほど魅力的に見えるからで、その素っ頓狂な世界に住む彼らにとって重要なのは、事実が事実であることよりも、世界を魅力的たらしめる物語が、不断に提供され続けることだからだ。

この種の噂は、無論、立派な言説というわけにはいかない。が、かといって、必ずしも有害一方のものでもない。高校生が退屈な日常を脚色するためにひねり出した妄想や、小学生が登下校の道筋にファンタジーをもたらすべく採用しているホラ話は、彼らの精神の成長にとって、不可欠な過程ですらある。

とにかく、われわれが、困難だったり退屈だったりする現実と対峙するために、物語を利用すること自体は、決して悪いことではない。精神の健康を守るための、心の体操のようなものだ。

でも、「物語」を補強するために、「証拠」を集めるようになると、作業に伴って、かなり大量の「ウソ」が生産される。

そんなわけで、震災以降、インターネットはウソの巣窟みたいなことになっている。

特定の掲示板に集う連中が、思い思いのウソや偏見を持ち寄って騒ぐことは、もう10年以上も前から続いている傾向で、これはこれで、もちろん有害な事態だ。が、有害さの規模や性質については、おおむね底が割れている。言ってみれば、太い道路には暴走族が集まるといった調子の、トラフィックにつきもののノイズに過ぎない。

より深刻なのは、この3年ほどの間に爆発的に普及したSNS（ソーシャル・ネットワーク・サービス：ツイッターやフェイスブックなどに代表される新世代の交流ツール。パソコン利用者だけでなく、スマートフォンユーザーの間で大流行している）が媒介しているウソだ。

SNSは、ウソの集積所として機能しているだけではなくて、そこに集う人々の偏見を固定し、その世界観を歪める鏡の役割を果たしている。そこのところが、単純な声として伝わるウソや、紙に書かれたウソとは根本的に性質の違うところだ。

ツイッターは、不快なメンバーを排除し、自分があえて選んで登録した人間とだけ交流することのできる、なかなか繊細な情報ツールだ。もう少し実態に即した言い方をすると、ツイッターをはじめとするSNSは、「自分の言葉は全世界に届けられる一方で、自分が受け取る言葉については、自分の意思次第で自在に制限できる」タイプのコミュニケーションなのである。

良い事ずくめのように見えるが、欠点もある。たとえば、ツイッターが、一部で「馬鹿発見器」と呼ばれるに至った理由は、本人の自覚としては仲間内の与太話のつもりでいるプライベートな会話が、システムの裏側では全世界に配信されている、その錯綜した通話構造がもたらしているものだ。

もうひとつの問題点は、「偏見固定装置」として機能するということだ。

ツイッターにしてもフェイスブックにしても、嫌いな人は容易に追い出すことができる。と、ユーザーは、いつしか自分と同意見の人間としか交流しなくなる。不快な言説や賛成できない見方を追放するだけならまだしも、SNSの世界に深く没入した人間は、自分に認知的不協和をもたらすデータは、たとえそれが新聞の一面に載るニュースであっても排除するようになる。

かくして、「見たいものしか見ない」「信じたいものを信じるために事実を脚色にかかる」「もっともな話よりももっともらしい話を信じる」といった感じの、小学校3年生ライクな人格が、20世紀の水準からすれば新聞記者顔負けの情報収集力を備えてウソをばら撒きにかかるのだから、これはたまったものではないのである。

私が懸念しているのは、震災後の世界に不安を感じた人々の一部が、現在、不安な情報だけを収集・宣伝するカルト宗教じみた行動をとりはじめていることだ。

不安を感じた人間が、不安な情報を集めにかかること自体は、人として健康な反応なのかもしれない。どっちにしても、そうでなければ人類は生き残ってこれなかったはずだ。

が、そういう不安傾向の人々がツイッターでつながって、互いの不安情報を交換するようになると、結果として、彼らの間には、不安の塔のようなものが建立される。

この種の塔の如き不安データの集積所が、ネット上には何十万本も屹立している。で、塔が高くなるほど彼らの現実認識は常識から遠ざかり、浮世離れしたものになっていく。で、放射能を取り除くために米のとぎ汁の風呂にはいることを薦める人々や、福島で暮らす人々を人殺し呼ばわりする心ない言説が流布していたりするわけだ。

反対側には、安心情報だけを収集しているまったく逆のグループがある。

この人たちの言っていることも、おそろしく現実ばなれしている。

彼らは、原発の安全性を訴えるだけでは足りず、日本の安全保障のためには、原発の保有がもたらす技術的優位性と、核燃料を生産し続ける潜在的軍事力が不可欠である式の夢のような防衛理論を主張している。

彼らの背後にはあるいは電力会社や軍需産業に連なる何らかのロビーが関わっているのかもしれない。本当のところは誰もわからない。が、とにかく彼らは安心情報を収集し、配布し、宣伝し、恫喝している。

どちらが正しいという話ではない。

あるドグマをもとに偏った情報を収集し、一方的に事実を解析している人たちは、どっちにしても狂っているということだ。

20世紀の終盤、パソコンが発達し、世界がひとつの回線でつながりはじめた頃、コンピュータ業界の片隅にいた私は、情報の経路が多様化し、個々人の扱える情報量が拡大することによって、人々の間にある誤解や偏見が解消される時代がやってくることを夢想していた。実際、ある時期までは、通信手段と情報処理の高度化が、われわれの世界に知識の共有を促しているように見えた。

が、いつの頃からなのか、ネットにぶらさがった人々は、事実や知識そのものよりも、事実を修飾する背景や、複数の知識を連結する物語に拘泥するようになっていた。

つまり、平たく言えば、われわれは、無味乾燥な事実よりも、わかりやすいウソに飛びつくようになったということだ。

結局、より遠くまで飛ぶ槍を手に入れたというだけで、われわれは、バカな探検隊であった時代から成長していないのかもしれない。

Kがどうしているのかは知らない。

もしかしたら、フェイスブックかツイッターをやっているかもしれない。名前を検索すれば、出てくる可能性もある。

でも、連絡はとらずにおくつもりだ。

私は、昔からあいつのウソに弱い。

いまさら、変なものの探検隊に入隊させられるのは御免だ。


(「熱風」2013年2月)

「害」はどこにある？

「どこに害があるんだ？」

と、その男は憤慨していた。いまから10年ほど前の話だ。知り合いのライターが、とある媒体に寄稿した折り、「障害者」の表記について編集部と揉めたのだ。先方は「害」の字をひらがなに開く旨について問い合わせをしてきたのだという。彼は、その申し出を拒否した。自分に害意はない。「害」という文字から差別なり悪意を読み取る読者がいるのだとしたら、問題は、その読み手の頭の中にある。だから自分は表現を改めない、と。なるほど。でも、害意が無いんならどっちでもいいではないか、と私は言ってみた。彼はこう反論した。「障がい」だなんて、漢字とひらがなの混在した単語を書いて、お前は気持ちが悪くないのか？……なるほど、たしかに気持ちが悪い。私もその表記は好まない。でも、仕方がないではないか、先方がいやがっているんだから。が、彼は譲らない。これは信念の問題だ、と。結局、彼の原稿は「障害」のまま活字になり、それで、何の問題も起こらなかった。つまり、実害は無かった。この場合に限っては、ということだが。

私自身は、揉め事を好まない。だから「ショウガイ」の表記については、媒体側に委ねている。「子供」も、先方が「子ども」にしてくれと言ってくればそうするし、「トルシエ」を「トゥルシエ」と書くのも、本当は気が進まないのだが、編集部の方針が統一済みだと言われたら、おとなしく従っている。

信念? ははは。だって、書く側がこだわりを持っていたところで、読む側がどう読むかはどうせわからないわけだからね。

ひとつの事象や特定の概念について、唯一の正しい表記が存在しているわけではない。むしろ、二人の人間が同じことを同じ言葉で表現する場合の方が珍しいぐらいだ。

結局、表記を統一しようとする態度が、むしろ表記の問題をより面倒にしている、と、そういうことなのだと思う。「害」であれ「がい」であれ、あるいは「碍」であっても、そのうちのいずれか一つだけが正しいというわけではない。言葉の世界に正解はない。われわれは、近似値を探りながらコミュニケーションをとっている。とすれば、障害は、一人一人の人間のアタマの中にあまねく遍在しているのである。

一番の実害は、われわれが、揉めることをイヤがって、「ショウガイシャ」を話題にすることを避けてしまうことだ。

「害」をめぐる面倒な軋轢が、人々の視線をショウガイシャから遠ざけてしまうのだとしたら、こんなに悲しいことはない。

ともあれ、不愉快でも、面倒でも、表現や認識に齟齬が生じても、あきらめずに言葉を発し続けることが、障害を乗り越える唯一の方法だと思う。

どう呼んで良いのかわからないからという理由で、交際をあきらめるなんて、中学生じゃないんだからさ。

出版界の甘くない景気

民放の決算は、スポットCM収入の低迷が影響して、各局とも非常にきびしいらしい。テレ朝も開局以来の赤字決算だとか。

広告業界も同様。電通はボーナスが5割カットになるという。年収のうちでボーナスの占める割合が高い業界だけに、年収の落ち込みは話を聞いた印象以上に大きいはずだ……という、これらのニュースを伝える誌面の行間には、「ざまあみろ」という文字が印刷されているわけなのだが、実のところ、活字の業界の不況はそれどころではない。われわれの業界は、テレビや広告の世界がバブルに踊っていた時代から一貫して、ずっと一本調子でひどかった。おかげで、この度の不況による低迷のひどさが目立ちにくくなっている。が、現今の状況は、テレビ・広告以上に、ケチョンケチョンにひどい。「ひどい」という話題が避けられているほどに、だ。

「景気はどう?」

「言いたくないな」

「ははは。オレも。聞きたくない」

そうなのだ。この数年、われわれは、あいさつにも困るありさまなのである。というのも、業界の人間同士で愚痴を言い合うことに、自分ながらうんざりしているからだ。

「なんか景気のいい話ない？」

「……うーん。3年待ってくれ」

「3年待てば景気の良い話を聞かせてくれるのか？」

「っていうか、3年後にはオレかお前のどっちかが野垂れ死んでるだろうから、話題を見つける必要がなくなってるんじゃないかな、と……」

「……お前、ココロ折れてないか？」

「……大丈夫。はなっから折り畳み式だから」

「ははは、オレもだ。15年前にこの業界にはいった時、精神をアーカイブする方法を身につけた」

「うむ。梅干しの種ぐらいだな。現状のサイズは」

実際、わたくしどもの業界は、以前にも増して劇的な勢いでシュリンクしつつある。

出版企画は続々とペンディングになるし、出る本も軒並み部数を減らしている。

「どうだ？　景気は」

「甘くないのにケーキとはこれいかに」

「……明るくないのにライターと言うがごとし、っていうのはどうだ？」

「ははは。使い捨てライターらしいレトリックだな」

「百円の　われにガス無し　イシも無し、と。そういうことですよ」

「マッチ売りの少女の21世紀バージョン」

「爪に火ともす暮らしのつらさ（笑）」

「シケているのに火の車（笑）、と」

「ははは。笑い事じゃないぞ」

「はははははは。でも、アレだ。英語でファイアーは解雇のことだから、その意味ではスジが通ってるのかもしれないぞ」

「で、尻に火とか？」

「そう。ホタルの墓。前途に光見えず、ただズボンの尻光るのみなり」

「身は焦がれつつしのび泣く、と」

「声を嗄らして鳴く蟬よりも　鳴かぬ蛍が身を焦がす、ってね」


で、休刊が相次いでいる。

私が関係していた雑誌だけでも、この2年ほどの間に「フッティバル」「論座」「m9」「読売ウィークリー」「ラピタ」「月刊現代」の各誌が、志半ばで刊行の道を閉ざされている。合掌。その分だけ、私の仕事も減ったわけだ。

自分ながらどうして食えているのか不思議だ。何を食っているのだろう。私は何を食う人ぞ。時間を食って、人を食って、だまし討ちと大目玉と置いてけぼりを食って、でもって、割を食って泡を食って、そんなこんなで無駄にトシを食っているというお話なのだろうか。

「パンデミックだよ」

「関係ないだろ？　この際」

「いや、急患相次ぐ、ということで」

「ああ、休刊ね。雑誌の」

「そう。復刊なんかあり得ないのに、廃刊とは言わずに、一応休刊と言う。奥ゆかしい業界用語ですよ。武士のなさけ。エディターの放心」

……

ところが、「朝日ジャーナル」は復刊した。

おどろくべきことだ。こんなご時世に。

早速入手してみると……復刊ではなかった。週刊朝日の臨時増刊号というカタチで出版された一種の企画モノだった。幽霊の正体見たり枯れ尾花。

巻頭で、編集長氏は、

《この国への強い危機感 「知的虚栄心」と「知の復権」を》

と題するコラムを書いている。

内容は、おおよそタイトルが示唆する通り。かつて「知的虚栄心」を満たす装備のひとつであった「ジャーナル」（←「朝日ジャーナル」の愛称）が失われたこの国の知的不毛（ならびに「わかりやすさ」と「ポジティブさ」ばかりがもてはやされる出版界の現状）を嘆き、雑誌文化の復活を期している。

たしかに、私の世代の者が学生だった頃、同年代の男たちは、知的であろうとし、あるいは知的に見えるべく努力していた。実態はどうであれ、だ。

それが、今の若い人たちは、背伸びをしないらしい。

少なくともジャーナル方向には。

復刊号は、

「せめて、知的なふりぐらいはすべきじゃないのか?」

という血の出るような叫びなのであろう。活字畑の旧世代人が、現代の若者に向けて放った最期の一矢。天晴れな試みだと思う。

売れているのだろうか?

心配だ。

売れているのだとして、買っているのがおっさんばかりでないのかどうか、それもまた心配だ。

若い連中が知的虚栄心を喪失したことは、われわれが考えている以上に、おそろしい頽廃であるのかもしれない。なんとなれば、若い人間が何かを目指す時には、コトにあたって、必ず、「ふりをする」という前段階が生じるものなのであって、とすれば、若い人々が知的なふりをしないということは、彼らが知的でありたいと願うことをやめたことを意味しているからだ。

誌面では、かつての「新人類」(中森明夫、辻元清美、秋元康の各氏)による同窓会鼎談が展開され、浅田明、鶴見俊輔、吉田司といったかつてのビッグネーム(いや、いまもビッグネームですが)が、それぞれに思いの丈を語っている。いずれも、「思想」が忘れられ、「批評」と「物語」が衰弱し、「格差」と「貧困」と「派遣」が闘うべき敵を見失っているように見える「現代」に異議を唱える議論だ。

つまり、朝日ジャーナルの復刊号は、「どうして朝日ジャーナルは休刊したのだろうか」ということを問う、極めてややこしいツクリの自問自答になっている。自分の尻尾を追いかける猫みたいな調子の。

……こんな、墓を掘り返すみたいな仕事をして何の意味があるんだ？

とは言わないでおく。

もしかしたら、墓は掘り返されなければならないのかもしれないからだ。

成仏していないゾンビの墓の場合は特に。

とはいえ、この話題（出版の断末魔）について、われわれは既にあまりにも多くの言葉を費やしてきた。

別の言い方で言い直すなら、どうして出版が不況であるのかについて、われわれは、この20年ほど、堂々巡りの議論を繰り返しながら、結局、出口を見出せていない。

・テレビにやられた。
・パソコンに食われた。
・ファミコンに蝕まれた。
・プレステに踏みつぶされた。
・DSに呑み込まれた。
・携帯に心臓を貫かれた。

・活字がメディアとしてワン・オブ・ゼムになった。
・知性が分散し、オピニオンリーダーが活字の世界から外に出てしまった。
・新聞が信用されなくなった。
・テレビゲームのような即物的な娯楽に慣れた子供たちは、小説にスリルを感じない。
・携帯やインターネット関連出費など、80年代以前は存在していなかった支出が発生した結果、若い人々の可処分所得が相対的に減少した。中でも、活字に費やす金額は、劇的に収縮した。
・情報過多の世界に生きる若年層は、雑誌が提案するライフスタイルにうっかりひっかからない。

……という、このあたりのお話について、私は、もはや議論を続ける気力を持たない。いずれも一面の真理を突いているとは思うのだが、でもだからってどうしようもないお話ばかりだからだ。雨の降る日は天気が悪いという分析命題と同じで、だからどうなのさと、話が先に続かないのだ。

活字衰退の原因について、ひとつだけ追加しておきたい話がある。

これは、案外、本命かも知れない。

私が子供だった頃、書物は今よりもずっと魅力的に見えていた。

が、私の父親が若い者だった時代には、それよりもさらに数層倍まばゆい存在だった。ほとんど神聖なほどに。

だから、父は、私たちに向かって、「本を読みなさい」と、二言目には、そう言っていた。自分自身は、たいして読まなかった（父は高等小学校卒の職人で、若い頃に講談本を読んだ以上の読書経験は持っていなかった）にもかかわらず。

今でもおぼえているのは、小学校にあがったばかりの頃、「おおむかしの世界」という本を買ってもらったことだ。小学校低学年生にはやや難しい、中学生向けの少年少女科学全集全15巻のうちの一冊目だった。値段はたぶん１０００円前後。当時としては高価だった。

7歳の恐竜マニアであった私が、当該の書籍への欲望を漏らすと、父は、何も言わずに千円札を渡してくれた。

意外だった。

というのも、父は、20円のガムさえ、滅多に買ってくれない「ケチ」な親だったからだ。

それだけではない。意外に簡単に買ってくれたので、調子に乗って、全15巻の全集をねだってみたところ、父は、その申し出も容認した。

金額にして1万数千円。小学生には天文学的な金額である。

私は、自分が裕福な家に生まれ育った子供だという話をしているのではない。

私の家はどちらかと言えば貧しかった。

ただ、父は、書籍関連の出費には寛大だったのだ。

昔の親は、おおむねそうだった。自転車や、野球のグローブや、菓子類やプラモデルを買うための出費については、どうしようもなく吝嗇であった同じ人間が、本や辞書を買うという話になると、迷わずに千円札を取り出したものなのである。昭和というのはそういう時代だった。

昭和40年代の親は、活字（あるいは「教養」と呼んでも良いが）は別枠と考えて、それについての出費は、極力、惜しまなかったのである。

私自身も、書籍購入費に関しては、サイフのヒモがユルい。

ランチで１０００円以上のレシートを出されると棒立ちになるし、ジャケットみたいなものに万札を費やすと、２、３日は無口になる。

それが、本ということになると、とたんに計算が甘くなる。

書店の店頭で、３０００円の新刊本を手にとって、面白そうだと、やっぱり買ってしまう。

高いとは思わない。

「いまどき、ペレの自伝じゃ、この値段も仕方ないよな。売れるわけないし」

と、私は、素晴らしくものわかりの良い中年の天使みたいに、軽やかな足取りでレジに向かって歩く。

ところが、私の子供たちは、万事だらしがないようでいて、本に対しては異常にケチだったりする。

「もったいない」

と、そういうことを言うのである。高校生のガキが、辞書を買ってやろうというありがたい親心の持ち主に向かって。

なんということだろう。

活字は崇拝の対象ではなくなったのだな。

もちろん、憧憬の的でも、教養の代名詞でもなくなった。虚栄のネタとしてさえ機能しなくなった。

つまり、活字はただの「印刷した文字」になったのである。

とすれば、子供たちが「もったいない」と言うのも仕方がない。

「資源の無駄だよね」

と。

残念ななりゆきだ。

活字の没落とともに、「物書き」の地位もまた失墜しつつある。

本を書いたことのある人と、テレビに出たことのある人と、ニコニコ動画で神と呼ばれたことのある人だと、誰が一番偉いのだろう。

おそらく、原稿書きの序列は、一番ではない。

原稿を書く人間は、下駄を作る職人みたいな具合に、徐々に減っていくことになるのだろうか。

思い出した。

私の爺さんは筆職人だった。

で、筆師なんかに将来は無いと思って、息子であった私の父親を木型屋（鋳物の型を木で作る仕事。ま、木工職人ですね）の親方に預けた。当時、爺さんの目には、木型屋は、軍需産業の一翼を担う、将来有望な職業に見えたらしいのだ。

で、私の父親は父親で、私を大学にやりたがった。

学歴の無い職人に未来は無い、と、おそらく父親はそう考えていたのだと思う。

で、私は、自分の息子にライターをやらせたいと思うのだろうか？

冗談じゃない。

ネタになるのは真っ平だ。


（「週刊ビジスタニュース」2009年5月）

まさかの坂の雅子様

皇族について書かれた原稿は、当稿も含めて、どうにもウソくさい。このことをまず確認しておきたい。

さよう。皇室記事はどこの雑誌に載るどんな文章であっても、常にどこか空々しく、冗長で、新味に欠け、最終的に、薄気味の悪いテキストに着地する。例外は無い。そういうことになっているのだ。ざあますテキスト。おべっか文。吐き気がする。

なにゆえに、皇室関連記事は、白々しい響きを帯びるのであろうか。

ひとつには文体の問題がある。

原稿を書く人間が、自分の文体を自在に駆使できない時、出来上がってくる原稿は、不可避的に腐臭を放つことになる。皇室記事は、その最たるものだ。欺瞞。両手を縛られた人間によるバイオリン演奏。纏足《てんそく》歩行。でなければ、腹話術による独白。どっちに転ぶのであれ、不自然な文章だ。

皇室について何かを書く人間は、文体を制限されている。

制限？

「制限なんて無いよ」と主張する人々もいる。

朕は制限せず、と。

わかっている。彼らの見方にも、一理はある。

たしかに、どこかの機関が具体的なカタチで文体制限を強制してきているわけではない。

特定の人物や編集部が、書き手である当方に向けて、明文化した規制を要求しているというのでもない。

そういう意味では、明示的な意味で、規制は存在していない。

原稿を書く当の本人である私が、変に気を使ってビビっているという、それだけの話だ。

自分で文体を自主規制しているだけだ、と、そう言えば言える。そう。われわれは自ら自粛している。自分で自分の両手を縛っている。自縄自縛だ。

が、わかってくれ。これは、誰かにおさえつけられて両手を縛られるより、さらにタチの悪い出来事なのだ。だって、両手より先に、その両手を動かす主体であるところの精神が、がんじがらめの緊縛状態に陥っているわけなのだから。

いずれにせよ、皇室についてなにごとかを書こうとする人間は、原稿を書き始める手前の段階で、既にしてチキンハートになっている。心臓に鳥肌が立った状態。コールドターキー。あるいはコールドチキン。冷蔵庫の中の鶏肉みたいに生気の無い文体で原稿を書くコラムニスト。

そんな人間に、オープンハートな文章が書けるはずはない。自明の理。存在の必然だ。

たとえば、文頭に、「雅子さま」という四文字を書く。

この時点で既にうそくささが横溢しはじめる。冒頭から大笑いだ。つまり、読む側から見て、
ということだが、
だって、オダジマは、元来、相手が誰であれ、原稿のネタに対して「さま」で呼ぶタイプの書き手ではないからだ。

「おい、いきなり《雅子さま》と来たぜ。オダジマもずいぶんとまたお上品になったものじゃないか」

と、こういう反応を示す読者が必ず現れる……ということを先読みしたオダジマは、ますますもって萎縮し、あるいは逆に自分の萎縮を見破られまいと、過剰な毒舌を振り回し、どっちにしても自己矛盾に陥る。

最悪のカタチだ。

文体について意識過剰になっている書き手は、絶対に自然な文章を書くことができない。

卒業式の壇上で、「歩き方」を意識してしまっている小学生と同じだ。どっちの足を踏み出すべきなのかについて思い悩んでいる小学生は、右手と右足を同時に前に出す。で、その彼のロボット歩行は、動作を呪縛している緊張が解けるまで、ギクシャクとした不愉快なリズムを刻み続けるのである。

私が読み手として誰かの原稿を読む場合でも同じだ。

「この日の愛子さまはお馬をご覧になられるなど、楽しいひとときを」

と、このテの文章を読むと、

「なんだこりゃ」

と私は、反射的に反発する。

「けっ」

とも。

愛子さまに対してではない。

年端も行かぬ幼児に「さま」を付けて悦に入っている書き手の奴隷根性に対してだ。

っていうか、これを書いているオレ自身、たったいま「愛子さま」と表記していたわけだが。

うん。困った事態だよ。

でも、じゃあ、どう呼べば良いんだ？

「愛子ちゃん」か？

会ったこともない幼児に、こんな馴れ馴れしい呼びかけ方は、やっぱり不自然ではないのだろうか？

とすると、いっそ思い切って呼び捨てか？

……それをやると、自宅前に右翼の宣伝カーが集合するとか、そういうことに……ん？　オレはいまビビっているのか？　オダジマは、鳥肌を露呈した状態の原稿を開陳している、と、そういう事態に陥っているのか？

さよう。自問自答だ。

原稿を書く人間にとっては最悪の事態だ。おそらく、読む側にとっても。

だから私は、これまで、皇室に言及することを避けてきた。

この原稿だって、義理がなかったら引き受けなかったはずの仕事だ。

だって、どう書いてもみっともないテキストになることは、書き始める前からわかりきっていたわけだから。

とにかく、「さま」をつけて呼ばねばならないような人間に対しては、はじめから近づかないようにする。そうやって私はこれまでの短からぬライター人生をやり過ごしてきた。逆に言うなら、私が「さま」をつけて誰かの名前を表記している時、それは私の精神の自殺を意味しているのだ。

私に限った話ではない。

誰であれ、「雅子さま」という四文字を書いた時点で、書き手の魂は微妙に死んでいる。

いわゆるキンタマが縮み上がった状態だ。

うん。こういう下品な表現をあえて使いたくなっているということもまた、皇室圧力の反作用ではあるのだな、きっと。

オダジマは、抑圧を感じている。文体について疑心暗鬼にとらわれている。どうしても普段の調子が出せない。で、そうやって臆病になっている自分に過剰反応して、キンタマなどという四文字言葉を口走って、取れるはずのないバランスを取ろうとしている。哀れな状態だ。

つまり、皇室はなによりもまず抑圧なのだ。皇室圧力。アンダー・プレッシャー。

皇室について語る時、わたくしどもは、はばかったり、いぶかったり、おもんぱかったりしつつ、結局のところ、心の中の言葉を正直に外に出せない状況に陥る。

で、奥歯にものがはさまったような口ぶりで、長々と語ることになるわけだが、当然、外部に漏れ出る言葉に真意がこもらない。出て来るのは気取った常套句とお世辞のみ。で、行間には、歯間ブラシに付着した歯垢みたいな不潔な感慨が漂うことになる。うんざりだよ。

無論、「雅子さん」と呼ぶことも可能だが、そう書けばそう書いたで、無理している感じが残る。でなくても、「雅子さん」表記で書かれた原稿は、自然な文章には見えない。

「おお、オダジマは、雅子妃に《さま》をつけないつもりか？　本気か？　最後までがんばれるのか？」

「ははは《雅子妃》と来たか。うまい逃げ道を見つけたじゃないか」

どう思われるのであれ、私としては心外だ。冗談じゃない。へりくだればバカにされ、地口で語ると叱られるのでは間尺が合わない。

皇太子殿下に対しても、「皇太子」と呼び捨てることは不可能ではない。皇太子さんという異例な形の表記で押し通すこともそれはそれでできない相談ではない。

が、どう呼んだにしろ、読む側から見れば、どっちみち不自然なのである。

そう。結局、どう書いても自然にはならない。皇室が、原理的に不自然な存在である以上、どんな形で描写したところで、実態以上に自然になることはあり得ない。


呼称の特殊さが皇室の特別さを形成しているわけではない。逆だ。彼らのありようが特別だから、その特殊さに見合った別枠の言葉使いが要求されている。そういう順序になっている。だから、言葉の使い方を工夫したからといって、彼らの特別さが軽減されることは無い。どう呼んでもライオンはライオン。ワニはワニだ。ハニーちゃんと呼んでも嚙む時は嚙む。


呼称ひとつでさえこれだ。

それが、皇室由来の文体変更圧力は、すべての活用語尾に波及する。しかも、動詞については、皇室専用の特別仕様モノがいくつも辞書に載っていたりする。だから書き手は、あらゆる動詞について、いちいち自己検閲せねばならない。

「歩く、は、歩かれる、で良いのか？」

「お歩きになる、ぐらいだろうか？」

「むしろお召しになるとかか？」

「お歩みをおすすめになられるとかか？　変か？　二重敬語みたいなものを使うと三太夫感横溢だろうか？」

「食べるは、召し上がるでオッケーなのか？」

「イタダクは、謙譲だからもってのほかだよな？」

かくして、初稿は、はじめて原稿を書く素人のゲラみたいに真っ赤になる。ああいやだ。

たとえば、雅子妃が皇太子と食事をしたとする。

私はどう書けば良いのだろう。

「雅子さまは、イタリア料理を召し上がった」

ぐらいに表現しておくところだろうか。まあ、そのへんが無難といえば無難なのだろうが、こういう言葉使いをすればしたで、私の心の状態はその分だけ確実にダウンする。魂が土下座している時、人はマトモな文章を書くことができない。あたりまえだ。文章というのは本来心の解放であるべきものなのだから。

「雅子さまは、皇太子殿下とご一緒に、都内のイタリア料理店で、深夜まで会食を楽しまれた」

あるいは
「舌鼓を打たれた」

か？

冗談じゃない。愛子さまがお馬をご覧になったり、殿下が雅子さまのご体調をお気遣い遊ばせたり、陛下のお召しが蜂のアタマとか、そういうざあます話はオレは大嫌いなのだ。

こういう言葉を使っていると、小指が立ってくる。そう。いっそ女装して書くか？　そうしないとこれ以上、お上品な敬語は維持できないぞ。

文体は、物書きの生命線だ。服装がオカマにとってのアイデンティティであるのと同じ意味で。

私は、自分を闊達な文章を書く人間だと思っている。

気取った言い回しや、奥歯にモノのはさまったような物言いを嫌う、正直なライターだと、そういうふうに自覚している。

そのオダジマが、「愛子さまが大相撲に興味を示されていることは、わたくしども大相撲ファンにとって実に百年の僥倖とも言うべき……」などという文章を書いたら、その日からスランプに陥るだろう。そう。フォームというのはそれだけデリケートなものなのだ。

物書きが自分の文体を裏切ることは、スラッガーが自らのバッティングフォームを崩しに行くことに等しい。

どういうことなのか説明する。

王貞治選手がそのキャリアのピークにあった頃、他チームの監督にとって、彼の打棒はほとんど制圧不能な災厄であった。それゆえ、ライバルチームの首脳は、なんとかして王選手を抑えようと、日々アタマを悩ませていた。

で、ある時、広島東洋カープは、名高い「王シフト」という守備システムを導入した。古い野球に詳しくない読者のために一応概要を説明しておく。王シフトとは以下のような守備体型であった。

1．一塁手は一塁ベース寄りを守る。
2．二塁手は一二塁間に立つ。
3．遊撃手は二塁ベース付近を担当する。
4．三塁手は三遊間。すなわち本来なら遊撃手が担当すべき地域を守る。
5．右翼手は右翼線のフェンス際に立つ。

6．中堅手は右中間を守る。

7．左翼手は中堅に位置する。

つまり、ざっくり言えば、すべての守備陣がセンターラインよりも右側に偏った守備位置に立つということだ。

狙いは、ずばり、ヒットゾーンの制限にある。

広島カープの首脳陣は、対巨人戦のスコアをコンピューターにかけて分析した結果、王貞治選手の打球がほとんどすべて中堅より右寄りに飛んでいるということを統計上の数字として割り出したのである。で、その統計に対応する形で、選手の守備位置を右よりに修正した。そういうことだ。

さて、では、この守備体型を見て王選手はどう思ったか。ここが重要なポイントだ。

彼は、こう思った。

「広島は私のバッティングフォームを崩そうとしている」

と。

なんという独特な感想だろう。それほどに、王は自らのバッティングフォームを恃んでいたのである。

無論、広島の狙いは、そこまで持って回ったものではなかった。単純に打球の飛ぶ側に選手を寄せただけだ。

もっとも、王シフトには、大きなリスクがあった。

仮に王がレフト方向に流し打ちをして来たら、ガラ空きの外野に向けて難なくヒットを打つことができたはずだからだ。ここがシフトの弱点だった。

が、それでもかまわない、と、広島首脳陣は腹をくくっていた。仮に王が流し打ちに専念して高打率を残したのだとしても、本塁打の確率は低くなる。彼らにとって、当時の王に単打を許すことは、本塁打を供給することに比べれば、「御の字」だった。

さて、王の側からみると、王シフトは、「罠」だった。

「もし、オレが守備陣のいない左方向を狙って流し打ちをすれば、たやすくヒットが打てるだろう」

「だが、それは罠だ」

「左サイドの空白に釣られるカタチで、一度でも不自然な流し打ちをしたら、オレのバッティングフォームには、微妙な狂いが生じることになる」

「そして、その微妙な狂いは、王貞治の命取りになるかもしれない」

王は、以上のように考えた。であるから、彼は、頃合いの外角球が来ても、決して安易な流し打ちはしなかった。頑としてバットを一閃し、あくまでもライトスタンドの上空に向けた打球を飛ばしにかかった。

なんというおそろしいこだわりだろう。

が、そういうものなのだ。目先の結果（ヒット）よりも、バッティングフォームを保持することの方が大切だと、そういうふうに考えるのが、打撃に専心するスラッガーの職人気質というものなのである。

雑誌売文業界におけるオダジマは、野球界における王貞治になぞらえ得るような偉大な書き手ではない。が、それでも私は、文体にはひと通りのこだわりを持っているライターではある。おべっか使いみたいな物言いをしたら、その瞬間から自分の魂が腐ると、私は、自分のことをそういう真正直なタイプの書き手であると考えている。であるから、皇室関連のおべんちゃらみたいなお話には極力付き合わないようにしてきた。それが私の自己保身であったわけだ。

それゆえ、この度、雅子さまについて書くにあたって、私は、うまく書き始めることができなかった。

圧力？

というよりも、まあ、自家中毒みたいなものといってしまえばそれまでなのだが、とにかく、私は自分の中の行ったり来たりで苦しんでいた。

雅子さまという、この四文字がどうしても書けなかったのだ。それほど、私には巨大な負荷がかかっており、また抵抗があり、抑圧があり、反発があって、結局のところ、私の心は千々に乱れていたのである。

で、こんなふうに私が苦しんでいることそれ自体が、皇室の効果であるというところから出発すれば、あるいは原稿を書き始められるのではなかろうかと、そう考えてようやく書き進めることができたわけだ。

まさこさま　下から読んでもまさこさま

さよう。俳句だ。季語は無いが。下々の民である私から見て、まさこさまは、ひっくりかえしてもまさこさまであると、そういう気持ちを詠んでみました。ええ。それほどにこの「まさこさま」の五音節は、私を悩ませていた。そういうことだ。

まさこさま　まさかの時は　真逆様

うん。こういう吟じ方は、あるいは無礼であるのかもしれない。

が、雅子様のまさかについて、われわれは思いを馳せなければならない。あるいは真っ逆様の転落と逸脱に。それほど彼女の苦境は深く重い。私の苦境など、雅子様ご自身が味わっているご苦境に比べれば何でもない、と、そう思って、私は、とにかく原稿を書くことにしたのだ。嫁いびりみたいな陰険な週刊誌の記事に、オダジマは心を痛めている。だから私は、自分が皇太子ご夫妻の味方だぞ、という、そのことを書くために、ワープロをタイプすることにした。そう。誰かが率直な言葉で彼女の苦境に理解を示さなければならない。でないと、本当に真っ逆様ということが起こり得る。それだけはぜひ阻止しなければならない。日本のためにではない。皇室のためにでもない。ただただ雅子妃その人ご自身のために、だ。

さてしかし、私ども庶民が皇族に連なる人々に対して心を開こうとする時、邪魔をするのは、実は敬語であったりする。

「ご苦境」というこの奇妙な表現を見ただけでも、そのことはわかる。敬語で話していると、相手に対して本当にあたたかい同情を示すことは難しくなる。というのも、敬語は、彼我を遠ざけることによって敬意を調節する、距離調整言語だからだ。

と、私の雅子さまに対するご同情は、ご同情と書いた時点で、うそくさくなる。

いや、敬語のすべてがいけないと言っているのではない。

敬語の向こう側に幽閉されている皇族という人々の立ち位置があまりに哀れだと、そのことを私は言っている。

たとえば、私がイチロー選手に対して抱いている尊崇の念は、至極まっとうかつ自然なものだ。

だから、敬意は、必ずしも言葉の語尾に顕在化していなくても、自然と、行間にあらわれる。それゆえ、私はイチローについての原稿を書く時、その名前を呼び捨てで書くことを恐れない。どう書いても、私の敬意は必ず読者に伝わるはずだからだ。イチロー本人にも。もちろん。

私の敬意は、たとえば、石川遼のようなずっと年齢の若い人に向けたものであっても、私が思った通りに書く限りにおいて、決して不自然な文体を呼び寄せない。遼クンと呼ぼうが、石川遼と表記しようが、私が彼に対して抱いている好意はいささかも損なわれない。当然だ。なぜなら、敬意は元来、語尾にではなく、行間に宿るものであり、愛情は、言葉にではなく、声のトーンに顕在化するものだからだ。

ところが、相手が雅子さまだと、話は簡単には進まない。

問題は、敬意ではない。

私が彼女に対してどういう感情を抱いているかは、ほとんど考慮されない。というよりも、皇族に対しては、ナマの感情を抱かないというのが、敬意のあり方というふうに規定されている。というのも、対等でない人間の間には、感情が芽生える道理が無く、それゆえ、敬語によって上下に分断された関係は、感情の介在を許さないからだ。

というわけで、私が雅子妃についての文章を書く時には、私の意思や感情よりも、もっぱら、私の物言いが、どれほど形式に則っているのかという点だけが俎上に上げられることになる。

そこのところに書き手たる私は抑圧を感じるのである。

皇室への敬意は、たとえば私がイチローや王貞治や夏目漱石に対して抱いている敬意とは本質的に違っていて、「尊敬すべき存在だから尊敬する」といった形の、同語反復みたいな構造を孕んでいる。感情というよりは義務に近い。

結局、皇室は、国民の平明な視線を敬意に向けて屈折させるレンズみたいな装置としてわれわれの前にある。だから、皇室を前にした瞬間、われわれのすべての所作はぎこちないものにならざるを得ない。

そんな中で、私は、皇太子と皇太子妃の夫妻に対して、「痛ましい」という感情を抱いている。

もしかしたら、皇室の人々に対して、こういう種類の感情を抱くことは、不敬に当たるのかもしれない。感情を抱くことはともかく、その感情を公の場所で表明することは、おそらく非礼なことなのであろう。

なんとなれば、尊敬以外の感情は、どっちみち非礼を含んでいるからだ。

でも、この際正直に言う。

私は、雅子皇太子妃に「いたましさ」を感じている。

おいたわしいというふうに言い換えても良い。

私は、彼女の身を案じている。

力にはなれないと思う。でも、気持ちはわかるぞと、そういうふうに声をかけてさしあげたいと思っている。


皇太子について述べる。

私は彼のファンだ。

というのも、あの人の不器用さに、なんともいえない正直な人格を感じるからだ。

浩宮は、山好きで知られている。特に独身時代、その山好きは、一部で危ぶまれるほどであった。

「大丈夫なのか？」

と。

私が、彼に好意を抱いたのも、その山行の烈しさを知って以来だ。

なにしろ、日程がすごかった。

とてもプリンスの登り方ではない。

親王の身で山に登るのは、実は、かなり厄介なことだ。

なんとなれば、将来の天皇陛下が山に登るということになると、山行に先立って、山道を整備したり、山小屋を補修したりという準備が不可欠になるからだ。

山は、殿下の登山予定が決定した瞬間から、ちょっとした騒ぎになる。実際に山に登る段になっても話は同じでやはり大騒ぎになる。お付きの人々が同行することはもちろん、皇室記者やカメラマンを伴うことも多い。大名行列。簡単には済まない。

で、浩宮は、季節はずれの時期に、あまりメジャーでない山に登ることが多かった。おそらく、一般の山岳愛好家に迷惑をかけないように気を配ったからだろうと思われる。

その山行がいかにも「シブ」かったのである。

「シブイなあ」

と、当時、友人の山屋がしきりに感心していた。

「なにがシブいんだ？」

「いや、浩宮の山行が、だよ」

「どうシブいんだ？」

「山選び、コース、日程、すべてがシブい」

「どういう意味だ？」

「だからさ、殿下は、地味でキツくてあんまり面白味のない山を、ひたすらに黙々と踏破しているわけなのだよ。着々と」

「たとえば？」

「たとえば荒川三山とか」

「キツいのか？」

「うん。キツい。しかもつまらない。アプローチがやたら長いし。で、その厄介な山をなかなか見事なスピードで登り詰めている。えらいと思うよ」

なるほど。そういえば、当時、週刊誌の記事で、浩宮番の記者は、健脚でないと勤まらないという話を読んだことがあった。カメラをかかえて殿下ペースについて行くのは並大抵のことではない、と。

「思うんだけどさ」

と、山岳関係者である友人は言っていたものだった。

「何か鬱屈するモノがないとああいうペースで山に登ることは無いと思うんだよな。オレは」

なるほど。

以来、私は、浩宮のことを気にかけていた。

大丈夫だろうか、と。

ブッシュ前大統領の父親であったジョージ・H・W・ブッシュ元大統領が来日した折のエピ

ソードも好きだ。

時に大ブッシュ（おそらく、遠くない将来、歴史家は、この親子大統領を「大ブッシュ」「小ブッシュ」と呼び分けることになると思われる。ここでは先取りしておく）は、68歳。立派な爺さんだ。

で、この日羽田に着いたばかりの時差ボケの取れていない老大統領を相手に、テニス（ダブルス）の相手をしたのが当時の皇太子であった今上天皇と浩宮その人だった。ちなみに大ブッシュのパートナーは、駐日の米国大使。この人も年寄りで、テニスは糞下手だった。

私がなにより気に入ったのは、そのテニスのスコアだ。

2試合あって、2試合ともモロなワンサイド。洒落にも何にもなりゃしないボロ勝ちだった。

私は、翌日の新聞を見て、しばらく大笑いした。

「おいおい、ずいぶんとまあ打ち込んだものじゃないか」

と。

いかにも浩宮らしいと思った。

当時、浩宮は、東宮御所にある専用コートで毎日のようにラケットを握っているちょっとしたプレーヤーだった。それになにより年齢が31歳。ギンギンの若者である。たぶん、ものすごいサービスを打ち込んだのだと思う。手加減無しに。接待テニスみたいな、そういう器用なマネのできる人ではなかったはずだから。当時から。一貫して。

で、その過酷なテニスがたたったのか、大ブッシュは、翌日の宮中晩餐会でゲロを吐いてしまう。

私はこの時も大笑いした。

「ほーら、うちの殿下とテニスなんかするから」

この空気の読めなさが、なんとも浩宮らしいと思った。

いいぞ、殿下。外交プロトコルなんてくそくらえだ。

雅子妃との結婚の時も、浩宮の一途さは過剰気味で、暴走気味で、純一で、素朴で、素敵だった。

「雅子さんのことは、僕が一生全力でお守りする」

と、彼は言ったのだという。

この時、浩宮の心情には、ある覚悟があった。皇太子妃という立場が、皇太子による全力の防衛を必要とする極めてデリケートな立場であることを、彼は、明確に意識していたのだと思う。

それほど、皇太子妃のプレッシャーはキツい。ある意味、皇太子以上に。

外部で原稿を書くだけの私のような立場の者に対して、有形無形の圧力をもたらす存在である皇室は、その内部に居る者にとって、さらに重いものなのだと思う。

たぶん滝壺に棲んでいるのと一緒だ。

私は、滝から轟いてくる轟音や、滝の飛沫をうるさがっている立場の人間に過ぎない。滝壺にいる人間は、どんな気持ちなのだろう。

生まれて以来ずっと皇室の中で育ってきた浩宮ですら、その頑固によってかろうじて耐え得ているその圧力を、外部からやってきた一人の生身の女性がその身に受けることは、われわれの想像を超えた、とんでもない体験だと思う。

天皇は、憲法の例外として存在している。

皇族というほんの一握りの人々がいるために、わが国は、共和国になれずにいる。

というよりも、皇室は、共和国という論理的で平板で機械的な国家とは別の、より夢幻的で多義的な国体という幻影を担保するために、一種の人身御供として存在している。

彼らがいるために、憲法に書かれている「国民」という言葉には、つねに例外が仮定されねばならない。

そして、権利も、自由も、義務も、すべての概念に但し書きが設けられることになる。具体的には、憲法に書かれているあらゆる条項の行間に「皇族はこの限りにあらず」という但し書きが見えない色のインクで書き込まれているということだ。彼らには選挙権が無く、被選挙権も無い。その代わりに、納税の義務も負わない。そして、当然のことながら、基本的人権が想定されていない。

とすると、彼らは人間なのだろうか？

人間以上の存在？　ってことは神だろうか？

いや、それはわからない。が、いずれにせよ皇族の人々は、生身のミッキーマウスみたいな役割を担ってはいるわけで、こんなべらぼうな仕事が、楽であり得ようはずはないのである。

雅子妃には、巨大な圧力がかかっている。

信教の自由も無く、表現の自由もない。移動の自由は制限され、離婚の自由もおそらく無い。

なんという厳しい暮らしだろう。

雅子妃については、もうひとつ個人的な記憶がある。

彼女が浩宮の結婚相手として注目されていた頃の話だ。

当時、私の息子は、2歳か3歳で、アトピー性皮膚炎の症状をかかえていた。

その話を聞いて、ある編集者がこんな話をした。

「ほう息子さんはアトピーですか。有望じゃないですか」

「何が有望なんですか？」

「知らないんですか？　小和田雅子さんもアトピーですよ」

「偶然じゃないの？」

「いいえ、偶然じゃありません」

彼は、ちょっと前に学園祭の本を作ったことがあって、その過程で東大の学生に数多く取材したらしい。で、その取材を通じて、東大生の中にアトピー体質の若者が多いことに気づいたというのだ。

「いや、本当です。東大生はアトピーだらけですよ」

まあ、遠回しのお世辞だったのだろう。お子さんは優秀かもしれませんよ、という。

子誉めの落語を地で行った話だ。

幸か不幸か、私の息子は、東大に行く方向の人間には育たなかった。

が、アトピーはいつの間にか治った。

理由はわからない。

聞くところでは、アトピーの場合、治癒したと考えるよりは、症状が引っ込んでいるというふうにとらえた方が適切であるらしい。

つまり、ある年齢になると、ある症状が消えて別の症状が現れたり、また、何年間かすっかり症状が消えたり、また現れたりする。そういうものらしい。機序はまだよくわかっていない。

ある程度わかっているのは、アトピーの症状が、ストレスを受けると顕在化しやすいということだ。

東大生にアトピーが多いのは、東大生にはそれだけ強い負荷がかかっているからなのであろう。優秀な人間には強い負荷がかかる。やっかいなことだ。

日本社会の矛盾と不合理をすべて圧縮したひとつの結節点である皇室の中心にいる雅子さまには、おそらくとんでもない負荷がかかっている。

なんとか解放してさしあげる方法があれば良いのだが。

たとえば、愛子さまともども、ご夫妻で皇籍離脱して、千代田自然公園(↑皇居ね)の管理人ぐらいなところから再出発するというのはどうだろう。あれだけの土地があれば、素敵に優雅な暮らしができると思うのだが。

天皇はどうするのかって?

やりたい人がやれば良いと思う。

きっと手を挙げる人がいっぱいいる。

(『雅子さま論争』(洋泉社 新書y))

日本を取り乱す

日本の将来?

うーん。見当がつかない。

というよりも、「日本」という枠組みでものを考える習慣自体が無いのだな。

ま、興味がないということでしょう。

もっと狭い範囲の話、たとえば、住んでいる町(赤羽だが)の将来についてなら、十分な関心を抱いている。自分なりの意見も持っているし、知識もある。骨を折る気持ちだってある。

それが、北区、東京、関東、日本と、面積が広がるにつれて、どうでも良くなる。

郵政民営化? そんなことより高架下のタコス屋はどうなったんだ……という感じ——将来の大計よりは今日の晩飯、抽象論より具体論。都市計画よりは駅前再開発ってなところだろうか。いや、卑近で申し訳ないが。

逆に、話が日本よりデカくなると、それはそれで考えようが出てくる。極東有事、アジア情勢、世界経済、地球環境……と、範囲が広がると、問題の性質が根源的になる分だけ、思考の手がかりがつかみやすくなる。

ということはつまり、日本という枠組みは、私がモノを考える上で、一番ピンと来ない大きさのものさしなのかもしれない。

赤羽の町民だという自覚はある。

隣町の東十条が攻めてくるというのなら、銃を取るかもしれない。

でも、「日本人として」だなんて言われるとちょっとシラける。日の丸を見て心が昂揚するということもない。苔のむすまで？　冗談じゃない。カビくさいだけじゃないか。

さてしかし、現実問題として、民族、言語、文化、政治権力、法律、安全保障……という生活上の基本的な概念装置は、どれもこれも日本という国民国家を単位として企画立案運営施行されている。

であるから、納税の義務も、年金の受給枠も、法律上の制約も、すべては、日本に属していて、私の心のありようとは別なシステムで動いている。

困ったことだ。

……と、ここまでを読んだ読者は、私の愛国心を疑うかもしれない。

ははは、違うね。私はこの国が好きだ。

どういうところが好きなのかについても、既に書いている。

お分かりだろうか。

つまり、日本という国の素晴らしさは、国民に国家の存在を意識させないところにあるということだ。

住んでいる町の住民としての地に足のついた生活感と、地球市民としての高い理想の間で、国家意識は、空気のように自然に消えていくのが理想だ、というふうに私は考えているわけです。

この先、もし、私が日本を意識せねばならなくなるのだとしたら、それはこの国に危機が迫った時なのだと思う。

人が空気を意識するのは、空気が汚れた時だからね。

オープンな差別の是非

2月3日の共同電が伝えたところによると、岩波書店は2013年度の定期採用において、事実上縁故採用に限る旨を宣言したのだそうだ。

なに、宣言だと?

記事を読むと、こういうことらしい。岩波書店は、この度、応募資格のひとつとして「岩波書店著者の紹介状あるいは岩波書店社員の紹介があること」を挙げて、それを公式ウェブサイトに掲示したというのだ。

なるほど、これが、記事を書く人間に言わせると「宣言」になるわけか。

たしかに公式ホームページでその旨明記したわけだから、宣言と言えば宣言ではある。でも、私は、この言い方には、若干の悪意を感じます。まるで、岩波書店が、機会均等という大切な近代の理念に挑戦状を叩きつけたみたいに聞こえますから。

と、案の定、厚労省が反応する。

《小宮山洋子厚生労働相は3日、閣議後の記者会見で「早急に事実関係を把握したい」と述べ、調査に乗り出す考えを明らかにした。》(2月3日、共同通信)

なんというのか、阿吽の呼吸ですよね。

そのうち背中に彫った桜吹雪の刺青でも見せてくれるんじゃないかという感じです。

以下、いちいち解説するのも面倒なので、第一報が報じられて以来のこの10日ほどの間に、ネット上に浮かび上がってきた代表的な議論を、会話形式で列挙してみることにします。

「何をいまさら。出版業界なんて、30年も前からコネまみれじゃないか」

「だよな。親戚だらけでうっかり社内恋愛もできないって話を聞いたぞ」

「大名の側室選びとどこが違うんですかという話ですよ」

「マルコネミソだよ」

「でも、応募書類の封も開けずに落とす分を、あらかじめ募集枠からはずしてさしあげたという意味では、むしろ良心的な措置だったんじゃないのか?」

「っていうか、小宮山大臣が正義の味方をやってみたかったってだけの話でしょ?」

「そもそも1000人以上の応募があって、若干名しか取らない以上、オープンもへったくれもないわけだよ」

「それ以前に、岩波なんてこの先を考えれば沈みゆく船の典型なわけで、コネも無いヤツが応募する理由なんてひとつも無いだろ」

「だよな。賢いネズミは我先に逃げ出してる状況だっていうのに、どうして若い身空でそんな船に乗るんだ?」

「キミたちね。出版業界における能力というのは、どういう人脈を持ってるかということで、それって、要するにコネなわけでしょ？　とすれば、岩波さんのこれは、ある意味親切な応募資格だよ」

「そう。無コネで入社したところで、ハイソサエティーの社員貴族の皆さんからハブられて悲しい思いをするだけなんだし」

「でもさ。仮にも社会的影響力のある文化の創造者であるところの言論機関が、前近代的な縁故採用を公式にアナウンスするということの意味は小さくないぞ」

2月8日になって掲載された朝日新聞の記事は、ちょっと微妙なところに突っ込んでいる。

《岩波は「あくまで応募の際の条件で、採用の判断基準ではない」としている。》（朝日新聞デジタル、2月8日）

ははは。素敵な記事だ。特に、

「あくまでも応募の際の条件で、採用の判断基準ではない」

という岩波書店側のセリフがなんとも味わいぶかい。

何度も読み返してみてほしい。

だってこれ、「デートの誘いは断ったけど、結婚の可能性を否定したわけじゃない」みたいな話ですよね。

でも、そうだとして、会ってさえくれないものに、どうやってプロポーズすればいいんですか？

というよりも、岩波書店には、応募の段階で拒絶した就活生を採用する用意があるということなんだろうか。

それって、どういう枠なんだ？

ともかく、就活生は救われない。

まるで、かぐや姫に翻弄される絵本の中の公達だ。

つまるところ、現状の就活戦線は、「オープン」「クローズド」「差別」「能力主義」「機会均等」「応募資格」「採用基準」といったあたりの概念について、明確な説明がない中で、ただただエントリーシートの数だけが就活生一人あたり数十枚以上のオーダーで飛び交うという、どうにもならない消耗戦を展開している。

われわれは、差別はいけないことだと思っている一方で、能力主義は良いことだと思っていたりする。

でもって、両者にどういう違いがあるのかについては、実はよくわかっていない。

一応の建前としては、応募資格の時点で就活生を選り分けるのが差別で、採用基準を通して応募者を選別するのは能力主義だみたいな話にはなってはいるものの、最後のところで、採用基準がブラックボックス（↑企業秘密ならびに個人情報保護法で守られています）である限りにおいて、差別は、事実上どうにでも運用できてしまう。

私が就活生だった時代と比べて、現代の就活戦線は、一見、開かれているように見える。指定校制度は廃止されたし、コネ採用を公言する会社もほとんど見かけなくなった。だからこそ、今回の岩波みたいなケースがニュースになっているわけだ。

でも、実際のところ、オープンな人事採用を標榜しているみたいな外面をとりつくろいつつ、その実、モロなコネ入社と学歴採用を続けている会社は山ほどある。

正解はどこにあるのだろう。

厚労省の答えはわかっている。

「オープンな差別はよくない」

というのが彼らのファイナルアンサーだ。

もう少し丁寧な表現に改めれば、

「差別をするなら、きちんと隠蔽しなさい」

と、そういうことだ。

どっちにしても、就活生は浮かばれない。

ひとつだけアドバイスをしておく。

就活なんて、運不運に過ぎない。だから、落とされたら不当な差別だと思って忘れてしまおう。採用通知が来たら、その時は能力が評価されたと考えれば良い。

採用通知が複数になったら、今度はこっちが差別を発動する番だ。どんどんウソをついて、入社直前に内定を蹴飛ばしてさしあげよう。

うん。この話になると、オレはとてもイヤなヤツになる。きっと、30年前に就活で嫌な思いをしたからだな。

いまの学生さんは、オレの時より10倍ぐらいイヤな思いをしているみたいだ。

ということは、キミたちは、30年後、オレより10倍いやな50男になっているわけだな。

まあ、どっちにしても、50歳をすぎれば笑い話だ。あと30年の辛抱だよ。

たいしたなぐさめにもならないだろうけど。

（「ウェブロンザ」2012年2月16日）

やまとことばではんなりと

古い人間は、新しい言葉を嫌う。昔から同じだ。新しい時代は、常に新しい言葉を生み出し、一方、旧世代の人間は、それらの新しい言葉に対していつも違和感を表明してきた。

ただし、この直近の10年の状況に限って言うなら、新しい言葉は必ずしも新しくない。うん、奇妙な言い方だ。でも、本当のことなのだから仕方がない。最近の新語は、なんというのか、印象として「懐古的」なのだ。

珍奇で目新しい新語も、相変わらず生まれてはいる。ネットの掲示板やSNSは新造語の宝庫だし、そうしたスペースに集う若い連中が使う言葉は、それこそ週単位で新規製造・更新・廃棄されている。

でも、私が個人的に気になっているのは、それらの粗製濫造の言葉たちではない。もっと違う場所で使われている、少しニュアンスの違うタイプの新語だ。

私の睨んでいるところでは、それらの新しいタイプの新語（という言い方は、二重の意味で奇妙だ。というのも、それらの「新しいタイプの新語」は、印象として「古くさい」わけだから）は、もっぱら高齢者に向けて発信されている。おそらく、高齢化社会を反映した現象なのであろう。というよりも、より実態に即した言い方をするなら、カネを持っている中高年をターゲットとしたマーケティングの結果だ。

共通しているのは、それらの新語が日本古来の「やまとことば（＝和語）」をベースにしている点だ。

たとえば「気づき」という言い方が、この10年ほど、研修資料や自己啓発セミナーにおける定番のきめ台詞になっている。

「本日の講義の中で、皆さんにはいくつの『気づき』がありましたか？」

てな調子でこの言葉が乱発されているセミナールームでは、いつしか人々は「気づき」の数を競うようになる。まるで宗教だ。

それもそのはず、しるし、おしえ、しらせ、みちびき、めざめ、すくい……と、外来宗教の世界では、古くから動詞を名詞化した形のやまとことばが布教のためのキーワードとして重く用いられてきた。「気づき」は、これらの折伏の用語に近い。

古くからある漢語の「発見」を「気づき」と言い換えてみただけで、早朝の散歩の後に飲む紅茶が美味であるといった程度の小さな発見が、何やら人生を変える深遠な体験であるみたいに感じられる。仕掛けは単純だ。

かように、気づきに限らず、流行しているやまとことばには、漢語やカタカナ語を逆方向に言い換える運動の帰結である場合が多い。

この10月1日に、「日韓交流おまつり」というイベントが六本木で開催された。ニュースを聞きながら、私は、この「おまつり」の名称のなんとも言えない語呂の悪さ（そしてアクセントの異様さ）に驚嘆した。

和語は、漢語やカタカナ語のように無原則に連結できない。漢語由来の言葉は、「山本株式会社メディア統括本部業務推進二課長」「交通政策審議会陸上交通分科会鉄道部会中央新幹線小委員会」というふうに、必要に応じて自在に並列・連結することができる。が、より伝統的な日本語である和語はそれほど野放図に連結できない。だから、「日韓交流」という漢語を受ける単語として、「おまつり」はそぐわない。前段の「日韓交流」は「記念祭」「フェスティバル」ぐらいな、漢語ないしはカタカナ語で受けとめないと座りが悪いのである。が、主催者は語呂の悪さをものともせずに「おまつり」を強行した。

ここに、私は、「なんとしても『おまつり』を使いたい」という主催者の強い意思を読み取るわけなのだが、ではどうして、彼らはそんなにしてまで「やまとことば」にこだわったのであろうか。

同じような意味で気になっている言葉に、「寄り添う」という言い方がある。この言葉は、この5年ほど、市民運動や福祉にかかわる人々の間で盛大に使用されている。

「子どもたちに寄り添う教育を」「地域の人びとに寄り添う医療を志して」「障がい者に寄り添

う制度のあり方が」と、彼らは、行政や制度がその対象に「寄り添う」ことを事あるごとに要求している。

で、思うのだが、「記念祭」と言うよりは「おまつり」とひらがな表記にした方が、より人々に「寄り添った」印象を与えると考えた人たちがいるのだ。つまり、「おまつり」というタイトルを採用すれば、官僚的な色彩を薄めることができる、と、そう考えた人間が、あの木に竹を接いだような祭りの名称を案出したに違いないのである。

同様のなりゆきで「寄り添う」という言葉を使っている人たちは、自分たちがお年寄りや子供たちに小腰をかがめて話しかけている絵柄を思い浮かべながらその言葉を使っている。結局、和語を使うことは、「やさしさ」のアピールなのだ。

ほかにも、たとえば、何かをはっきり言いたくない時、私たちはやまとことばを使う。「知的障害者」というストレートな言い方をはばかる時、われわれは「知恵おくれ」という言葉を使うことで、あからさまな現実から目を逸らそうとする。

かように、われわれは、やまとことばの持っている「やさしさ」「やわらかさ」「あいまいさ」を、時に応じて利用してきた。

で、21世紀に入って、その利用の仕方がいささか露骨になってきているわけだ。

「向き合う」という言葉の使われ方は、さらに興味深い。この言葉は、元来、「正面から取り組む」

「目を逸らさずに直視する」「真剣に対処する」といった含意で使われる。

で、「老いと向き合う」「介護という現実に向き合うために」ぐらいな言い方をすることで、この言葉の使い手は、自らの誠実さをアピールしているわけなのだが、なにしろ和語の面目は、「あいまいさ」と「多義性」にある。ということは、「向き合う」もまた、場面によって、さまざまに応用される。

今年の春頃だったか、ある朝、私は、NHKの朝ワイド番組を見ていて、この言葉が非常に印象的に使われている場面に遭遇した。

「最近、向き合わない夫婦が増えて……」

「妻と向き合うことの大切さを認識していない夫は、仕事に逃げることで……」

「会話や食事だけでなく、二人が向き合う時間をなるべく頻繁に作ることが非常に大切なポイントで……」

といった調子で繰り返される出演者の話を、最初のうち、私は、うまくのみこむことができずにいた。この人たちはいったい何の話をしているのだろう、と。

しかしながら、

「向き合おうとしない夫に向けて、妻の側からどんなサインを出せばいいのでしょうか」

と、直接的な質問が繰り出され、

「はっきり言葉に出すことも一つの方法ですが、要求したというふうに思われることが逆効果になる場合も……」

てなお答えが行ったり来たりしているのを聞いているうちに、さすがの私も理解した。つまり、ここで言っている「向き合う」は、ズバリ、夫婦間の性行為のことだったのである。おそらく、「セックス」という言葉を、朝のテレビ番組の中でそうそう連発するわけにもいかない（まあ、けっこう連発してましたが）という判断から、婉曲表現として「向き合う」という表現が選ばれていたわけだ。

なんという皮肉な現実だろう。だって、番組に出演していた、夫婦問題の専門家の先生は、「セックス」という言葉と正面から「向き合わない」ために「向き合う」という婉曲表現を使っていたことになるのだからね。

結局、やまとことばは、一種の「雅語」として扱われているということだ。

まったり、もっちり、さっくり、しっとり、しっかり、ざっくり、ごっそり、はんなり、ふんわり、こんがり、ゆったり……と、この種の、触感や風合いを暗示するだけの感覚的な擬態語の類も、平成に入ってからやたらと使用例が増えた言葉だ。

で、これらの、「和」の世界の「はんなり」とした、やわらかくもやさしい季節感を醸す言葉たちが、金融だのＩＴだのの世界で大量発生しているギスギスした、余韻の無い、短兵急で世知辛い漢語とカタカナ語に対する解毒剤として流通しているわけで、それゆえ、私の如きIT畑出身のライターは、鎌倉の切り通しに咲くガクアジサイの色合いや、和服の柄の呼び名に詳しい小説家の先生と比べて、一段扱いが低いわけだ。

それはまあ仕方がない。私は諦めている。文芸なんてものは京風の和菓子みたいなもので、どうせ女子供の趣味なのだからして。

でも、この京風味のはんなりまったりな和語回帰運動に対して、そろそろ反動が起き始めても良い頃だとは思う。

というわけで、今後10年の新しい日本語の流れが、江戸東京由来のべらんめえに依拠するものであることを祈念して、結語としたい。

ご清聴ありがとう。てやんでい。

（「週刊ビジスタニュース」2010年3月）

4

Take It Easy

浦和をビッグクラブと呼ぶ日

本格派のレッズサポは、どこまでも赤い。

近くで見るとびっくりする。本当に、帽子から靴まで、全身を赤い色のアイテムで固めているからだ。もちろん、中身も赤い。血も、リンパ液も、おそらくは、脳細胞さえもが真っ赤だ。ついでに言えば、アウェイのスタジアムに駆けつける赤い旅団のメンバーズに至っては、家計の収支までもが、もののみごとに赤いはずだ。ちなみに、99年シーズンのJ2落ちをきっかけに正社員からフリーターに転身（←J2って40試合もあるからね）したF君の場合、全収入に占めるレッズ関係諸出費の割合（←ギド係数）は、常時、30％に迫っている。紅き血のセブン・イレブン店員。赤貧洗うが如きサポーターシップ。ええ、アタマが下がりますよ。

そういう、ゴール裏サポ席の常連であるレッドホットなサポーターから見ると、私はダメなサポだ。なにしろ、見かけからしてねずみ色だし。いや、一応、Dingo時代の8番のレプリカを持ってはいるのだ。でも、この11月で五十路の坂を登りはじめた初老（だよな？）の身に、赤はキツいのだよ。シャアじゃあるまいし。で、せめて一点だけでも、どこか赤い場所（帽子とか、マフラーとか）を自分の中に作ることを心がけている次第なのだが、全体としてはうっすらと赤黒いばかりで、しかも、応援団としては、ほぼ地蔵（「歌わない」「踊らない」「手拍子をしない」の3ないの状態で試合を傍観する駄サポ。サポ掲示板では粗大ゴミ扱い）だ。うん。反省している。走らないとサッカーにならない。わめかないとサポートにならない。そうだよな？　同志。

だから、ビッグクラブと言われても、ピンと来ない。というよりも、困惑するばかりだ。ゴール裏の真っ赤なレッズサポと比べて、チーム愛が足りないから？　違う。愛情は十分に持っている。狂気はまだ少し足りないかもしれないが。

私が浦和ビッグクラブ論に疑念を抱く理由は、「ビッグクラブ」という言葉の語感が、あのいけ好かない読売巨人軍の軍関係者が、二言目には口にしていた「球界の盟主」というのと似ているように思えるからだ。で、巨人軍はどうなった？　盟主になったか？　むしろ、喪主みたいなものになっていないか？

もちろん、フットボールネーションと呼ばれる、本場の国々のプロリーグには、必ずビッグクラブがあるというお話は承知している。

大都市のビッグクラブと、地方中小都市に散らばるプロビンチャが、それぞれの役割と個性を発揮しながら、リーグを活性化させているその競争と発展の様相こそが、これから先、Jリーグの目指すべき新たな境地であるのかもしれない。それはわかっている。

でも、「浦和をビッグクラブに」という声に、私はすんなり賛成することができない。っていうか、陰謀かもしれないとさえ思っている。

というのも、かつて王者を自認し、わが浦和レッズのディフェンス陣をリフティングのみで抜き去るプレーぶりでリーグを席巻していたあの緑色の人気チームが、どうやって2部の中位チームに転落していったのかを、私たち古くからのサポは、つぶさに見てきたからだ。

だから私は、優勝しても、なるべくはしゃがずにおこうと思っている。

優勝決定2時間後ぐらいのタイミングで、一人思い出し笑いをするぐらいにとどめておいて、翌日からはまた日常に復帰。いや、それは無理かもしれないが、でも、歓喜は歓喜として、ビッグクラブだなどという夜郎自大は、ぜひいましめねばならない。

とはいえ、11月9日付けのスポーツニッポンによれば、わが浦和レッズは、ロンドンのテレビ局が制作している「キングズ・オブ・クラブス」というテレビ番組において、「世界を代表する10のクラブ」の一つにノミネートされているらしい。で、昨年の営業収入は、58億円（うち、入場収入が19億円）と、引き続き、Jリーグナンバー1の座を防衛している。

この先、レッズは、マンチェスター・ユナイテッドやレアル・マドリッドみたいな調子のワールドワイドなビッグクラブの仲間入りを果たすのだろうか。でもって、たとえば、ハノイやピョンヤンやウルムチあたりにサポ組織の支部ができるような、アジアを代表する八紘一宇なサッカーチームになるのだろうか。

だとしたら、イヤだな。

私は居心地が悪い。

だって、オレのレッズは、そういうチームじゃなかったはずだから。

J2にいた頃の話を蒸し返すのは、本当は御法度なのだが、でも、昨日今日のサポには言っておかねばならない。

「なあ、オレらは、駒場競技場の芝が黄色い雑草だった頃からサッカーを見ているんだぞ」

と。そう。人生楽ありゃ苦悶式。雀百までドーハ忘れず、だ。

浦和がJ2への道を歩み始めていた98年の私は以下のような俳句を詠んだ。

ディフェンスの　裏はがらあき風ぞ吹く

私たちの赤いチームは、負け続けで、サポは荒れ放題で、クラブはどん詰まりだった。その時代の苦難を忘れて良いはずがない。

個人的な話をせねばならない。

偉そうな昔話をしてしまったが、私が、レッズサポになったのは、95年の5月にアルコール依存症という診断を受けた後の話だ。

それ以前、私はサッカーファンというよりは、むしろ、プロ野球の熱心な観戦者であり、それ以上に一個の酔っ払いだった。なんというのか、朝から酒を飲んでいる人間にとっては、プロ野球ナイター中継のひねもすのたりなプレイングリズムがフィットしていたのである。

だから、Jリーグが発足以来の何年かは、アンチ巨人軍活動の余技として、反ヴェルディの旗手・アントラーズに肩入れをしていたものの、試合自体はろくに見ていなかった。

変わったのはアル中認定がおりてからだ。

「オダジマさん、あなた30代だから、今のところは困った酔っ払いぐらいのところで済んでいるかもしれないけどね」

医者は言った。

「このままだと、40代で酒乱、50代で人格崩壊、60代でアルコール性痴呆だよ」

……

「それも、うまいこと生き残れた場合の話でね。じっさい、アルコール依存症患者の平均寿命は、50歳ちょいなんだから」

で、酒をやめてみると、野球が面白くない。

というよりも、それまで、酒がらみで楽しんでいたことが、酒抜きで関わってみると、どれもこれも白々しく感じられるのだ。晩酌の無い旅行は単に苦行だったし、テキーラ抜きのレゲエは間抜けなお囃子みたいだった。

「酒をやめることそのものは、そんなに難しい話ではありません。本当に難しいのは、シラフの人生を新しく作り直すことです」

と、T医師が言っていた通りの展開だった。

まず、断酒をきっかけに、それまで行き来していた大酒飲みの友人たちとは、ほぼ没交渉になり、そうなってみると、私には友達と呼べる人間がほとんどいなかった。

結局、私は、多くの断酒挑戦者と同じく、生活を一から再設計せねばならなかった。で、レゲエの代わりにジャズを聴き、時代小説の代わりにインターネットの画面をクリックし、飲み友達の代わりにイグアナを飼い、そして、野球の代わりにサッカーを見ることにしたのだ。

つまり、何が言いたいのかというと、レッズと私の出会いは、自然にやってきた天来の宿命ではなくて、意図的に計画された、後付けの人工的な趣味だった、ということだ。

だから、サポをやっているといっても、文字通りそれは、「やっている」だけで、最初のうちは特に、内実が伴っていなかった。

でも、何年間か、根気強くサポーター生活を続けるうちに、サポの基本が身に付いてきた。

何がって？　狂気だよ、狂気。アルコールと一緒に私が闇に葬り去った要素だ。

そうだとも、人生には、狂気が必要なのだ。

狂気という言い方が悪ければ、喜怒哀楽ないしは、感情の起伏が、だ。

酒をやめると、感情の起伏がなくなる。

断酒後のとりあえずの報酬は、酒がらみのトラブルから解放されることだ。酒に由来する失敗の尻ぬぐいに忙殺されていた身にとって、これは、ありがたいことだ。でも、醒めた平穏に慣れてしまってみると、その後に待っているのは恐ろしい退屈だったりする。

これは辛い。

それまで、酒でツブしていた時間がそのまま沈黙の時間となってのしかかってくるのだ。この沈黙と退屈を埋めてくれたのがレッズだった。ありがたいことに、喜怒哀楽のすべてを、レッズは運んできてくれた。このことには、いくら感謝しても足りない。

で、この度、優勝がやって来る。10年の禁酒が報われるというものだ。

作りもののサポであった私も、毎年十数試合程度のスタジアム観戦と、ほぼ全試合のテレビ観戦経験を重ねるうちに、バイタルエリアでボールキープをしている山田暢久の困惑が字幕付きで見えるようになった。

というよりも、バックスタンド2階席からピッチを見下ろしていると、

「おい、どうすんのよ。オレ」

という、山田の心の叫びが聞こえるのだ。

「ヤマダぁああ。左だぁーヒダリぃぃい。アレックスが見えないのかぁあああ?」

と、私は、これまでの人生で出したことのない大声をあげることを覚えた。

かくして、感情という久しく私の中で死んでいた要素が、甦ったわけだ。

ポジティブな感情だけではない。たとえば、一時期、K原主審に対して抱いていた気持ちは、自分ながらびっくりするほど険悪だった。

が、憎しみであれ怒りであれ、無感情よりはベターなのだ。鬱病は、無表情のすぐ隣にある。

そのほか、愛情も山ほど学んだ。日本に来て覚えた唯一の新技術が立ち食いそばの早食いだったという伝説のセリエC選手、ジュゼッペ・ザッペッラの異次元のプレーも、いまとなっては良い思い出だ。イスラエル・リーグからやってきたバベルの塔、クビツァとツインタワーを組んでいたモリツァの好人物ぶりも懐かしい。点は獲れなかったが、私はどうしても責める気持ちになれなかった。そのほかにも、忘れられない選手がいっぱいいる。若オヤジ、アジエル。陽気な野人2号、大柴。左サイドの偏屈者路木龍二。みんな、素晴らしい選手だった。

浦和が本当に優勝したら、私はクールでいられるだろうか。あるいは、私は思い上がるかもしれない。ビッグクラブとか、盟主とか、覇王だとか、そういう言葉を使いはじめるかもしれない。きっと、使ったらすごく気持ちが良いはずだし。覇者とか。チャンプとか。

それよりも、私が恐れているのは、泣いてしまうことだ。私は、かれこれ30年近く、涙を流したことがない。そのハードボイルドなオレが、6万人の大観衆の中で泣いたりしたら、残りの人生が立ちゆかなくなる。

それはちょっと困る。

でも、大好きな小野伸二が最終戦でゴールを決めてくれるなら、余生なんか、どうなってもかまわない……という気もする。

困るなあ（にやにや）。


（「Number」667号）

松田直樹選手に寄せて

8月2日の午前10時5分頃、松本山雅FCに所属する松田直樹選手（34）が、長野・松本市の梓川ふるさと公園での練習中に倒れ、同市内の信州大学病院に救急搬送された。

このニュースは、練習を見学していたサポーターが発信したツイッターを通じて、またたく間に拡散した。

私のタイムライン（ツイッターの個人用表示画面）に第一報が表示されたのは、午後2時頃のことだった。うそだろ？　私は目を疑った。松田直樹って、あの元マリノスの松田か？　心臓マッサージ？　なんだそれは？　どうしてこんなことが起こるんだ？

この段階では、情報はまだ錯綜していた。最初の報告をリツイート（再拡散）した人たちの態度は、だから、極めて慎重だった。「続報を待とう」「安易な憶測は避けないといけない」「過剰反応しないように」と、自らを戒める言葉を付け加えながら、松田選手の容態を気づかう人々の数は、しかし、どんどんふくれあがっていった。

皮肉なことに、事件を伝える人々の「控えめさ」が、かえって、事態の深刻さを物語っていた。どういうことなのかというと、ふだんツイッターの表面を騒がせている大げさな煽り文句とは対照的に、抑えた口調で語られる情報には、それだけ真に迫った憂慮が感じられたということだ。

とある民放局をめぐる韓国がらみの陰謀論や、それに関連してにわかにまきおこった不買運動のリツイート攻勢は、なるほど非常な勢いで拡散している。が、実際のところ、結果から見れば、投稿数に見合うだけの影響力を獲得するには至っていない。

引き比べて、自制した口調で伝播されてきた松田選手関連の情報は、語り口に「祭り」(事態の拡大を喜んでいる気色)の気分が感じられない分だけ、聞く者にとっては、より深刻に響いたのである。

今回は、「悲劇」について書く。

スポーツには悲劇がつきものだ。

選手の負傷や、代表チームの敗北や、クラブチームの消滅など、毎年、悲劇の文法で語られる事件は枚挙にいとまがない。

それらの悲劇がもたらすドラマを正しく伝えることは、ライターにとって、大切な仕事でもある。というのも、悲劇は、栄光や歓喜を劇的たらしめるためにどうしても必要な、スポーツの基礎要件だからだ。

しかしながら、今回の松田選手の場合のような、競技が想定している枠組みを超えた悲劇について、実は、われわれは語るべき言葉を持っていない。でなくても、良心的な人間は、言葉を失う。そういうものなのだ。

今回、松田選手の救急搬送を伝える様々なメディアの反応を見比べてみて、実は、私は、サッカー関連の掲示板に集う人々をちょっと見なおしている。というのも、あの悪名高い匿名掲示板には、意外や意外、バチあたりな言葉を発する人間がほとんど現れなかったからだ。スレッドにコメントを書き込んでいた人間の多くは、驚くほど素直に松田選手の病状を心配し、その回復を祈念している。これは私にとって意外なことだった。

私の見たところでは、サッカー板に常駐する人々の口汚さは、何年も前から、常軌を逸するレベルに到達していた。

ライバルチームの選手やサポーターに対する誹謗中傷や、気に入らない判定を下した審判に向けての罵詈雑言は、実際の話、見ていてうんざりするほど苛烈だ。ずっと昔、インターネットがまだ微温的なたまり場であった時代は、審判への罵声にも一定量のユーモアが含まれていた。敵サポ同士の毒舌の交換にも親しみに似た感情が介在していた。

が、掲示板の規模がある臨界点を超えて以来、飛び交う言葉の品の無さも、読む側の許容の限界を超えるようになった。それゆえ、私は、この2年ほど、何か特別な出来事が無い限り、サッカー掲示板を覗かなくなっていた。

スポーツのもたらす最も大きな恩恵は、人間の喜怒哀楽を、無害化するところにある。

スポーツを見出す以前の人間は、部族間に宿る敵意や、血縁同士が抱いている殺意を、モロな形で発動していたはずだ。だから、人々は無益に殺し合い、憎み合い、常に互いを敵視していなければならなかった。

それが、スポーツを得て以来、われわれは、互いの間にわだかまっている敵対心を、一つの定められたルールの中で昇華することができるようになった。

スポーツは、競技場に集まった人間の敵意と栄光を、身体性の発露として共同体験する魔法の儀式だ。

その過程で生まれる爆発的な歓喜や、誇張された悲しみの記憶は、スタジアムに集った人々だけに分かち与えられる90分の果実として、見事に、ほとんど遺恨を残さない形で消費される。であるから、ゲームの中でカタルシスを得た観客は、喜怒哀楽をスタジアムの外に持ち出さない。帰り道の地下鉄の中では、誰もが静かな市民に戻っている。

このことは、スポーツ報道においてもある程度応用される。

つまり、自分の立ち位置をよくわきまえているスポーツファンは、スタジアムの外で起こった事件や、ルール外の出来事や、競技カレンダーの枠外で展開されるイベントについては、積極的に介入しないということだ。

たとえば、なでしこの優勝をリアルタイムで見守り、一緒に応援してきたファンは、優勝が決まった後は、基本的に、彼女たちに群がろうとはしない。

スタジオに呼び出して大騒ぎをしたり、空港で走りながらカメラのフラッシュを焚いたり、練習後の選手を尾行したり、合コン相手の大学生のツイートを検索しているのは、サッカーとは無縁なところで商売をしている女性誌の記者や芸能リポーターだ。あるいは、記者会見で、前の方の席を取ろうと醜い争いを展開しているのも、社会部の遊軍記者であり、夕刊紙のオヤジであって、ふだんから地道に取材をしてきたサッカー記者ではない。本当になでしこのイレブンを祝福している記者は、むしろ、ほとぼりが冷めるのを待っている。

なぜなら、「ルール」ということに無頓着な人間は、原理的にスポーツの世界になじむことができないはずだからだ。

伊良部投手の自殺についても、死の前後の事情を掘り返すために現地に記者を派遣する決定を下したのは、野球とは無縁な部署のデスクだった。

野球界の人間は、黙って心を痛めていた。

心を痛めるということは、追悼の言葉を叫ぶことではない。

伊良部投手の悲劇とそれを伝える報道を眺めながら私が思ったのは、ファンは、やっぱり捨てたものじゃないなということだった。

野球ファンの掲示板も、ふだんはとても辛辣で、口汚く、不謹慎な言葉であふれた場所だ。が、本当の悲劇が起こってみると、伊良部投手をネタに笑いを取ろうとしたり、その死を茶化して貶めようとする声は、ほとんど湧いてこない。

立派とまでは言わないが、やっぱり野球が好きな人間は、普段はどんなに斜に構えていても、伊良部という偉大な投手に対する最低限のリスペクトは失わない。

引き比べて、ワイドショーは、大はしゃぎだ。もちろん、レポーターは沈痛なふうを装っている。キャスターも、コーナーのアタマと最後に追悼の言葉を付け加える手続きは忘れない。でも、彼らがスターの転落と晩年の不遇に興味津々で、伊良部投手をめぐる不祥事のあれこれを鵜の目鷹の目でチェックしていることは、隠しようがない。

結局、スポーツを知らない人たちは、もっぱらスタジアムの外に興味を持つということだ。選手についても同様だ。彼らは、試合中のプレイは黙殺し、休日のプライベートを追い掛け回す。

練習の努力については一行も報じないが、離婚や飲酒運転については細大漏らさず報道する。そして、現役の選手よりも、引退したスターの落ちぶれた生活や落魄した日常にスポットライトを当てたがるのである。

松田選手には、なんとしても回復してもらいたい。そして、「悲劇」を待ちこがれていたあの卑しいレポーターを怒鳴りつけてほしいと思う。

「オレがくたばると思ったか？」

と。


（「スポルティーバ」2011年8月5日）

A・ロッドの転落

アレックス・ロドリゲス。またの名をA・ロッド。ご存知、ニューヨーク・ヤンキースの4番打者だ。当年33歳。デビュー以来15シーズンで通算ホームラン553本を放ち、現在、メジャーリーグでプレイしている選手の中で、ベーブ・ルースの記録に手が届きそうな唯一の男であり、かつてアメリカン・リーグのMVPに3度輝いた別格の存在でもある。言ってみれば世界一の野球選手だ。

そのA・ロッドが禁止薬物を摂取していた。大事件だ。

噂はあった。というよりも、彼がステロイドを使っていたことは、事情通の間では公然の秘密だった。

「A・ロッドがクスリをやってたかって？　愚問だよ。たとえば松井秀喜はスシを食うと思うか？　自分の目で現場を見てないから食ったことがないはずだって、お前はそう思うのか？」

そう。状況証拠はきれいに揃っていた。問題は、それを認めるかどうかに過ぎなかった。

その意味で、このたび、アレックス本人が自ら薬物の使用を認めたことの意味は大きい。

ファンが「夢」を見る余地を失ったからだ。

野球を支えているのはファンの夢だ。野球に限った話ではない。スポーツのファンであるわれわれは、いつでも「夢」を見ている。

「夢」というと、なんだかポジティブに聞こえる。素敵一辺倒な精神作用であるみたいに。

しかし「夢を見る」ということの実質的な意味は「現実から目をそらす態度」と同一だったりする。あるいは、「夢」は「願望的思考」、「希望的観測」、ないしは「逃避妄想」の別名なのだ。

ファンは、好きな選手に関しては徹底的に甘い見方をする。どんなミスを犯しても、どんなにトチ狂った言動を繰り返しても、わたくしども狂ったファンである者たちはすべてを善意に解釈する。

「ジャイアンツ時代のキヨハラはなんというのか男気が空回りしていただけで、決して手を抜いてたわけじゃないのだよ」

「っていうか、ナカタショーはああ見えて野球には一途なんだと思うぞ。日焼けサロンに行くのも、投手に対して威圧感を与えようという工夫のひとつなわけでさ」

……と、ファンの欲目は、どこまでも曇ることができる。

とにかく、A・ロッドのステロイド摂取は、一野球選手のつまずきで片付けられる問題ではない。A・ロッドほどの選手になると、一挙手一投足が巨大な意味を持つ。悪いことも良いことも、だ。その意味で、現役最強のスラッガーたるA・ロッドがクスリを使用していたということは、アメリカ人の誇りの中核にあるメジャーリーグ・ベースボールの栄光が泥にまみれたことを意味せざるを得ない。

おそらく、古き良き時代の大リーグを愛する昔からのベースボールファンにとって、この度の事態は、悪夢であるはずだ。

日本人にとって相撲が単なるスポーツでないのと同じように、アメリカ人にとって、ベースボールはただのボールゲームではない。

ベースボールは、アメリカで育つ男の子が「男らしさ」や「フェアプレー」を学ぶ教室であり、酒場で偶然隣り合った旅行者同士が交わす会話のとっかかりであり、ウォール街のエリートがのんびりとした休日を過ごすための最後の場所でもある。そういう特別なファンタジーがベースボールには宿っていたはずなのだ。だから、選手は、時に空振りをすることがあってもかまわない。現役生活のうちに一度や二度女性問題を報じられたとしても、ファンは許すことができる。なあに若気の至りさ、と。しかしベースボールの神の子は、クスリに手を出したり、卑怯なウソをついてはいけない。そんなことをしたらアメリカがアメリカでなくなってしまうからだ。

というわけで、A・ロッドが薬物使用を認めた日の夜、オバマ大統領はすかさずフォローの言葉を述べた。景気に影響を与えることを懸念したからだと思う。野球は、それほど、重要なファクターなのだ。

思い出したぞ。どうしてオレがこんなことを書いているのか。

ネタ元は、たぶん小学生の頃に読んだ「リーダーズダイジェスト」の記事だ。そう。「リーダーズダイジェスト」は、今思えば、マルチみたいな売り方で大量販売されていたのである。うん。この話はいつか別のカタチで書こう。それはともかく、その「キリスト教福音主義の伝道雑誌」でもあったＲＪ誌は、１９６０年代当時既に「アメリカン・フットボールの世界を汚染する興奮剤の害悪」について特集記事を書いていたのである。おどろくべきことだ。

当時は、まだ「ドーピング」という言葉さえ発明されていなかった。そういう時代に薬物問題を取り上げたのは、ジャーナリストの問題意識でもなければ、スポーツ記者の嗅覚でもなく、おそらくは、キリスト教雑誌としての使命感だったのだと思う。が、ともあれ「アメリカの栄光」ということをわめき散らしているその記事には異様な迫力があった。

Ａ・ロッドにはぜひ立ち直ってほしい。一度や二度ミスを犯しても、よしんばミセスを犯したのだとしても（マドンナと不倫の噂があったよね？）、人は立ち直ることができる……と、それを証明するのが、野球というスポーツに与えられた神聖なる使命だからだ。


（「アサヒ芸能」２００９年２月26日）

ストリップショーの辿った道

小向美奈子というタレントを私は知らなかった。

名前を聞いたのも、例の覚醒剤の事件で捕まった時がはじめてだ。

顔は、その事件の報道の折りに、ブラウザ越しに瞥見したのみ。「ずいぶん老けた24歳だな」という、それ以上の感慨はなかった。それでお終い。サバを読んでいるのかもしれない。あるいはマグロを読んでいるのか、カツオなのかアオザメなのか。なんでもよろしい。どっちにしても、私の側からは、まったく興味はない。

多くの読者諸兄も同じだと思う。普通に暮らしているオレらパンピーが、当たり前に暮らしている日常の生活の中で、彼女みたいなタレントの存在を知る機会は、まずあり得ないはずだ。換言すれば、小向美奈子は、それほどに無名だったわけだ。犯罪被害者名称以外では。

それが、この2週間ぐらいのうちに、一気に有名になった。

なぜかと言えば、ストリップに出演したからだ。

いまどきストリップみたいなマイナー娯楽が、若いタレントの知名度アップに役立つのか？

いや、もちろん、一般人がストリップを見に行ったのではない。

ストリップに興味津々な紳士が日本中に溢れているわけでもない。

朝夕のワイドショーが、連日連夜、小向美奈子嬢のストリップ出演騒動をこれでもかこれでもかと執拗に報道したものだから、善良な一般人たるわれわれとしても、イヤでもその名前を覚えないわけにはいかなかった、という次第。それだけのことだ。

それほど、この度のストリップ報道はしつこかった。

「浅草は大騒ぎです」

と、リポーターは言っていた。

確かに、普段とは桁違いの数の観客が訪れていたようではある。

が、それにしたって、しょせんはストリップの客筋だ。何十年も前にピークアウトしたマイナー娯楽に、好き者のマニアが列を作ったというだけの話ではないか。屁みたいなものだ。

とてもじゃないが、浅草中に人があふれかえったわけではない。

っていうか、浅草全体の人出からすれば、ストリップに行列した人間なんて、物の数にもならない。

なのに、メディアは騒いだ。

まあ、それほど芸能マスコミのネタ涸れは深刻だ、と、そういうことなのであろうな。

実際、アイドルの交際や女優の結婚話に、人々はもはやさしたる興味を抱かない。

で、芸能リポーターは、滅亡しつつある。和文タイプの職人みたいな調子で。あるいは、和式便所の製造業者ぐらいな右肩下がりの直線で、かもしれない。

ミュージシャンもスポーツ選手も、結婚や離婚をファックス経由で発表してそれで一件落着にする。芸能人の妊娠や出産にしても、ブログで発表されてしまえば、芸能マスコミは動きようがない。

と、残るは出来レースのプロモ情報だけだ。映画の試写会や、ファッションブランドの新作発表会や、新クールのドラマのキャスティングお披露目記者会見。あるいは、パチンコの新台発表イベントみたいな、見ているこっちが恥ずかしくなるみたいなモロなヒモ付きの場所で、これまたゴムひも付きのパペットじみた芸能人が、かねて仕込み済みの取って付けた熱愛ゴシップをしゃべるのが精一杯。で、そのタイアップのゴミネタさえもが、「めざまし」の軽部の自家薬籠中の管轄になっている。本当のドン詰まりの末期症状。もはや芸能ジャーナリズムだなんていう言葉は、タイプして打つのさえ指の汚れである。そうだとも。芸能は死んだ。マエチュウはジャニのお庭番みたいなことになっているし、ナシモトはナシモトで、自分をネタにしないと記事が書けなくなっている。

というわけで、芸能ネタについてはこれ以上書かない。

小向某についても同様。第一、書くべき内容が無い。あまりにも小物過ぎて。

なので、以下、ストリップについて書く。

ストリップおよび、エロの変遷とその将来について。題名をつけるとすれば、だが。

ストリップという言葉がメジャーなメディアの電波に乗っかったこと自体、久しぶりだったはずだ。

今回、無名の執行猶予タレントがストリップショーに出演したことが、これほど大きく報じられたことについて、さきほど、私は、その原因として「芸能マスコミのネタ涸れ」を挙げた。

理由の第一は、その通り、「ネタ涸れ」だと思う。

でも、それだけではない。

本件に関しては、芸能マスコミの高齢化が、少なからずあずかっている。私はそう思う。

というのも、30歳より年少の人間にとって、「ストリップ」は、「大阪万博」とか「石原裕次郎」みたいな、遠い昔の風俗に関する単語で、特に興味を引く言葉ではないはずだからだ。

彼らにとって、「ストリップ」は、セクシーな言葉でさえないと思う。多くの現代人にとって、「お歯黒」がエレガントでないのと同じように。

事実、私にとってさえ、「ストリップ」は、ほとんどセクシーな感慨を呼ばない。甘酸っぱい思春期の思い出という意味では、性的な匂いを放っていなくもないが、実質的にセクシーであるのか否かと問われれば、勘弁してくれとしかお答えの申し上げようがない。

しかしながら、芸能マスコミを動かしている50歳以上のおっさんたちにとって、ストリップは、なんだか闇雲になつかしくて心躍る単語だった。

で、それが彼らのトリガーになった。

なあここは一番、大勢で一緒に騒ごうぜ、という。

「おい、ストリップだぞ」

「おお、ストリップだ」

と、なんだか、ハメを外したくなるわけですよ。おっさんたちとしては。わくわくと。

ストリップは、その昔、数少ない「ネタ」の一つだった。

女が人前で裸になるという、その言葉の持っているけしからぬイメージが、無垢な子供たちの妄想を刺激していた時代が確かにあった。私もよくおぼえている。

「ストリップショオ」

と、親に買って貰った明解の国語辞典のその項目に、ある日気がつくと、友だちが赤鉛筆で線を引っ張っている。そういうキマリになっていたのだ。男の子の辞書のそういう単語は、なぜか赤いマルで囲ってあったり、それをまた黒いマジックが塗りつぶしていたりして、なんともやっかいなことになっていたのである。

で、私は、

「女性の踊り子が、音楽に合わせて踊りながら、衣装を一枚ずつ脱ぎ捨ててゆき裸になる見せ物」

という、解説欄の文字を見る度に、非常に恥ずかしい気持ちになったものだった。

さて、ストリップという文字に顔を赤らめていた少年も、中学校を出る頃には、もう少し実質的なエロを見つけるようになる。

いくらネタが少ないとはいえ、「母親の読んでいた『婦人之友』の下着広告ページが唯一のエッチな画像でした」というのは、私より十年年長の人間の述懐であって、われわれの時代には、既に回し読みの「プレイボーイ」があった。河川敷のゴミ捨て場には、そのものズバリのエロ本が落ちてもいた。拾って帰る勇気は無かったが。

ともあれ、ストリップショーは、エロ世界の頂点に輝いていた。

ピンク映画とストリップショー。オトナになったら、いつか行ってみたい場所。そういう意味で、ストリップショーは、私の世代の男の子にとって、フォードのムスタングや、カリフォルニアのディズニーランドや、ガラパゴスのサボテンの森と同列の、夢の一部だった。

で、高校生になると、実際に行くバカが出てくる。

「おい、オレは渋谷のオーエス劇場にいったぞ」

と、自慢する連中。ガサツで直情的で助平な、そういう同級生たち。

わたしたちも、そう遠くない場所にいた。

エロは、教室のど真ん中にあった。つまり、公共の場所に、だ。

現代と違っているのは、距離感だ。エロと、その消費者との。

昭和の時代、エロは、公共に属していた。

無論、私的なエロが無かったわけではない。というよりも、そもそもエロは人類にとって、原理的に私的なものだ。

が、エロ資源が稀少であった昭和の時代、エロは、多人数によって共有されねばならなかったのである。

一人の女の裸を、数十人から百数十人の男が眺めないと、脱ぐ女との対比上、等式が成立しなかった。だから、わたくしども昭和の男たちは、裸や、エロ写真や、エロ映画やストリップを、「大勢の男たち」で共有するためのシステムを持っていた。

それゆえ、ストリップのエロスは、女性が裸になることそれ自体よりも、彼女の裸が、大勢の男たちの目の前に見世物として供されているというその状況のうちに内在していたのである。

そのせいなのかどうなのか、仲間内でストリップになだれ込むこと、連れ立ってソープ（「トルコ風呂」と呼ばれていた）におもむくこと、集まったついでにピンサロに繰り込むこと……こうした、「連れエロ」が、友情を深めるという困った誤解が、オレらの世代のアタマの中には牢固として宿っている。

このあたりの感覚は、落語の登場人物が「ナカ（↑吉原）」に繰り込む感じに近いのかもしれない。してみると、日本の男にとって、エロは、かなり最近まで集団的な行為だったのかもしれない。

で、私もストリップに行った。

越後湯沢にスキー旅行に出かけた時のことだ。

われわれは、着いたその日の夜、「ピエロ座」という観光ストリップの小屋に繰り込んだ。

詳細については書きたくない。

踊り子さんを中傷するのも気がひけるし、自らのバカさを宣伝するのも気がすすまないから。

それに、小屋の経営者を罵倒したところで、払ったカネが返ってくるわけでもない。汚れちまった2500円は、たとえばキツネのかわごろも。小雪のかかってちぢこまる。時間は返ってこない。思い出も。

ともかく、そうしたあれこれのおかげで、ティーンエイジャーは概念上の性生活の第一歩を、暗いトラウマとともに歩み始める。で、オレらの世代の者たちは、どうかすると青春のスターティングガンは、そういうふうに、暗い予兆の中で撃たれるべきものだという信念を抱いていたりするわけだ。救いようのないことに。

もちろん、そんな信念には、何の根拠もない。

くだらないだけだ。

が、男というのは、自分が若い頃に体験した愚にもつかないあれこれを、何かの拍子に神聖視しがちなもので……というよりも、自分が経験していないことについては、そもそもイメージが湧かない。それだけの話なのだ。で、

「いまどきのガキはストリップも行ったことがないのか」

みたいな、言わずもがなの自慢話をしてセクハラオヤジ認定をされている哀れな同級生を一人私は知っている。哀れな男だと思う。

だから、私は、以下に述べることを、絶対化しようとは思っていない。

昔が良かったというつもりもない。

ただ、人間というものは、自分が経験した順序と枠組みでしかセックスを既定できないようにできている。だから、現代のエロには、やっぱり冷ややかなのである。

現在、インターネットを手にした若い連中は、瞬時に、秘密裡に、大量のエロネタを、ノーリスクで入手することができる。それも、鮮明かつ具体的なブツを。かててくわえて、彼らは、あらゆるシチュエーションにおけるすべてのバリエーションを網羅した、あらん限りのパーツ

についての考え得ることごとくのあれこれを、くまなく、根こそぎに、あまねく、舐めるように念入りに、コレクションすることができる。しかも無料で、だ。

うらやましい。

が、彼らのようでありたいとはやっぱり思わない。

エロは、遠くにありて思うもの、と、そういうふうにわれわれは条件づけられている。

おそらく、この先、エロは、どこまでも私的になる。

仲間と共有する必要もないし、まして、大勢で繰り込む理由なんてどこにもありゃしないからだ。

と、彼らのエロは、われわれが踏み外したのとは別の意味で、違った方向に向けて道を踏み誤って行くはずだ。

われわれの時代の性犯罪者は、あるいは露出し、青空の下でやらかし、さらに救いようのない連中は輪姦に手を染めたりした。

今後、この種の犯罪は減少するはずだ。

というのも、21世紀の性犯罪者にとっては、セックスの可否や同意の有無を超えて、人前で脱いだり、大勢でやらかすということが、そもそも想定不能であるような気がするから。

と、彼らは、何をするのだろうか？

見当もつかない――と、言っておくことにする。

当てずっぽうにしても、口に出すのはリスクだから。

ともあれ、この度のストリップ騒動は、おやじがはしゃいだということ以上の意味はない。

若い人たちには迷惑だったと思う。

同世代のバカに代わってお詫びを申し上げておく。

キミらはキミらのエロを追求してくれ。

自由で淋しいエロを。


(「週刊ビジスタニュース」2009年6月)

芸能ニュースへの死亡宣告

宮沢りえさんが結婚したのだそうだ。

ついでに懐妊も。

報道はほぼ祝福一色。スキャンダルとして扱っているメディアはひとつも無い。結婚相手がどういう人物なのか（既婚なのか未婚なのか）も分からず、だ。

どうしてなのだろう。

なにゆえに宮沢りえは聖域化しているのだろう？　どうして誰も真相に突っ込まないんだ？　私の誤解ということならそれでも構わないのだが、やんごとなきあたりの誰かさんについて漏れ伝わってくる情報に似て、この人のニュースには、いつも微妙なバイアスがかかっているように思える。

私自身、冒頭で宮沢りえさん、と、思わず「さん」をつけてしまったわけだが、実際、この人の身のまわりには、いつの頃からなのか、書き手の側に慎重な扱いを強いるオーラがまとわりついている。で、実際、ある時期から、宮沢物件の扱いについては、メディアは一歩退いた態度で接するようになった。明らかに、だ。

誰も、はっきりモノを言わない。

結婚に至った経緯や、妊娠をめぐる事情について、先方の側の木で鼻をくくったようなノーコメントをモロに受け容れている。それ以前に、結婚相手の名前のみならず、年齢や職業すら追求していない。というよりも、そもそも取材した形跡が無い。どういうことなんだ？　はなっからあきらめているってことか？

ニュースバリューが無いということなら、取材しないという選択もアリだ。それはそれで良い。でも、だったらはじめからニュースにするべきではないんじゃないのか？

たとえば十勝花子の近況とか、細川たかしの誕生日だとかみたいな、需要が皆無なニュースは無視されて当然だし、取材しない理由も明白だ。で、実際、マスコミは、それらのニュースについてはきれいに黙殺している。それはそれでスジが通っている。

が、宮沢りえに関しては、大々的に情報を流すくせにまるで取材していない。ここのところがどうにも奇妙に感じられるのだ。

記事を配信するならするで、最低限の取材はするべきだ。逆に、独自の取材ができない事情があるとか、取材する気持ちになれないということなら、配信を断念すべきだ。

取材せずにニュースを作成することは、メディアの自殺だ。先方が発表したリーク情報をそのまま垂れ流すだけでは、サツ番の犬小屋記者と何も変わらない。キャンキャン。イエス・ゼイ・キャン。吠えてるだけ。何もできない。

ともあれ、宮沢りえに関する情報は、まったくの大本営発表に終始している。映像も不自然だ。

カメラはどこだかの劇場の地下駐車場に出てきたりえ嬢をとらえている。が、本人は数人の取り巻きにびっしりと囲まれていて、クビから上がかろうじて確認できるのみ。何を着ているのかさえ分からない。クルマのドアの前には衝立が立てられている。乗り込む時の様子もまったく見られない。最後に、取材陣の前を通り過ぎて行く車中のりえ嬢の顔がフラッシュ越しにかろうじて確認できる。それだけ。サングラスをかけた横顔。ほーらありがたく瞥見しろや庶民ども、と、そういう感じ。

この扱いは、ダイアナ妃とか、マイケル・ジャクソンみたいな、一部の超セレブにのみ許された特権的な遠巻きである。

大名行列マターとしての治外法権、ないしは正体不明な面々が享受する既知外法権。特段の雲上人待遇だ。

普通の芸能人は、もっと無遠慮に扱われる。カメラマンが本気になれば、機会はどこにだって転がっている。とすれば、妊娠体型ぐらいの画像は本当はいくらだって撮れるのだ。が、メディア各社は、「許された取材場所」の範囲から、「覗き見っぽい絵」を撮るのみで満足している。

不思議だ。

相手が皇室ならいざ知らず、彼らは、どうしてそこまでへりくだった態度で、おっかなびっくりな取材をしているんだ？

メディアの扱いだけではない。メディア発のニュースを受け止めるわれわれの側も、ヘンと言えばヘンだ。宮沢りえ関連の情報については、マトモには受け止めないことになっている。

「ああ、この人はまた何か面倒なことに巻き込まれているのだろうか？」

と、一見グッドニュースに見える情報であっても、われわれは一定の邪推を加味しながら読みこなす。そういう回路が既に出来上がってしまっている。

というのも、貴乃花との破局以降、この人は、しばらくアンタッチャブルな存在だったからだ。姿を消していたこともあるが、見た目があまりにも変わりすぎてしまったから。

あの時の急激な痩せ方には、パパラッチをもためらわせる何かがあった、と、そういうことだ。で、その激やせ消息不明期間を経て、本格的に芸能界に復帰した時の復帰の仕方も、なんだか無残だった。

「すったもんだがありました」

というスキャンダルを逆手に取ったキャッチコピーのカンチューハイのCMがそれだ。

「あんまりだろ、これは」

と、私は、そう思った。いくらなんでも、この処理は酷すぎた。晒し者という感じがあって、見ているこっちが辛かった。

ついでに言えば

「だよな。吸ったとか揉んだとか、ネタにするにしても、あんまりムゴいぞ」

と、M島が言っていたこともおぼえている。

「ははは」

と、私は笑ったが、面白かったからではない。哀れだったからだ。以来、宮沢りえは、私の中で、「イタい人」になった。

「もっと自分を大切にした方がいいぞ」

と、思いつつ、敬して遠ざける、そういう対象に移行したわけですね。結局。

で、それから後、北野たけし、中村勘三郎（当時は勘九郎）、市川海老蔵と、いずれ劣らぬ各界の大物を相手にした、どこまでが本当かわからない交際の噂を、半信半疑で聞き流していたわけなのだが、ある時、中田英寿とのキス写真を見た時に、私のこの人に対するスタンスは決定した。

だって、写真自体が、もうどうしようもなくわざとらしかったから。

ナカータ&りえの双方が、カメラを向けられていることを十分にわかっていて、撮影者（クラブの経営者と言われていた）もまた、二人が撮られていることを承知している旨を認識している中で撮影された、もう何と言って良いのやら論評不能な、お手上げな写真である。興味のある人は適当なキーワードを入れて検索してみてくれ。すぐ出てくるから。

これ以上論評はしない。見ればわかる。

思えば、最初のスキャンダル以前から、この人のやることなすことは、どれもこれも代理店臭ふんぷんの、プロモがらみだった。

ふんどし水着ポスターの一件にはじまって、唐突なヘアヌード写真集の出版から、貴乃花との交際報道まで、いちいちが仕掛けくささ満載だった。

あるいは、ネット内に陰謀論者を蔓延させた張本人は、宮沢りえだったのかもしれない。

インターネットが普及して以来、「事情通」みたいな人たちが爆発的に増加した。で、その彼らが、あらゆる事象に関して「耳年増」なご意見を開陳するおかげで、ある種の芸能ネタは、その生命をほぼ喪失しつつある。というのも、裏を読みまくる人たちが増えたおかげで、メディアの側の仕掛けが無効になってしまっているからだ。

「つまりBーニング系の圧力だろ?」

「ふつうに考えて、Aベックスが裏から手を回したってことだよ」

「またK音のバーターか」

「ってか、Sターダストがらみのいつもの提灯行列ですよ。しょせんは」

「Oスカーならではの出来レースですね。わかります」

と、この種のリテラシーは、ニュースを殺す。でなくても、ゴシップやキャスティングや政策発表や賞レースやランキング情報のすべてについて、わかったような顔をする芸能通のネットユーザーが、極度に醒めた意見をバラ撒くことで、芸能ニュース市場は、20年前に比べて、温度にして約10度ほど冷却化している。

と、考えてみれば、他人の情事だったり何かの宣伝であるに過ぎない芸能ニュースを、オレらがマジメに追いかける理由なんて、はじめからありゃしなかったわけなのである。


さて、今回の宮沢りえ物件に関するメディアの怠慢は、なんらかの「圧力」の結果と見るべきなのであろうか？

違うと思う。

今回の場合に限って言えば、メディアの側が、「謎は謎のままとして放置しておいた方がニュースバリューの維持には適切」だと、そう判断して、あえて突っ込んだ取材を怠ったと考えた方がわかりやすい。これも深読みと言えば深読みだが、やれコワモテがどうしたとか、裏金がナニだとか、枕営業が威力をみたいな、そういう下世話な深読みよりはマシだ。

まあ、真相は、単なる現場の無気力なのかもしれない。

ともあれ、芸能ニュースは死んだ。

しかも、死の最終段階にある。

以下、参考までに芸能ニュース死滅の理由を列挙しておく。何のための参考なのかは、各自考えてほしい。私にはわからない。

1. 出来レース報道の増加：バカップル＠羽賀研二＆梅宮アンナ、神田うの、叶姉妹、美川憲一といった、芸能ネタ配給業者による養殖モノの定期ニュースを寄生虫メディアの回虫記者が配信する形式が定着。蠅すらタカらない人造排泄物。

2. 大本営体制の盤石化：ジャニ、吉本に代表されるアンタッチャブルな芸能権力がパパラッチを圧倒。タレント自身も、芸能レポーターに先行してファックスで身辺情報を配信するようになる。梨本涙目。

3. 村八分の蔓延：てなわけで、スキャンダル報道の餌食になるのは弱小事務所所属の使い捨てタレントおよび芸能ギルドから排除された凶状持ちだけ。ってことは、ニュースバリューはほぼゼロ。

4. 芸能レポーターの高齢化：梨本、井上公造、前忠《まえちゅう》、みといせい子、福岡翼。以上終わり。後期高齢者介護業界。和文タイプ業界もかくやの先細り感。宮大工以上の後継者難。

5．痛い人ウォッチングの横行：泰葉、石原真理子といった、本格的にヤバい人を突っつい
　て面白がる悪趣味が定着。

うむ。ひどい結論になった。
りえには幸せになってほしい。
できれば、芸能界以外の場所で。

（「週刊ビジスタニュース」2009年3月）

脳と言える日本

脳がブームだ。

DSの「脳トレ」が当たったのが2005年。この時点で4年前になる。茂木健一郎先生がテレビに出てきて「クオリア」だとか「a-ha体験」だとかいった話をしはじめたのは、それ以前だ。つまり、5年前の段階で、脳ブームは既に「来て」いたことになる。

とすれば、これはもはや「ブーム」ではない。

というのも、「ブーム」は一過性の流行の由で、5年も続くものは、その枠組みを超えた現象だからだ。ブームの寿命は2ヵ月。最長でも半年。エドはるみをおぼえているだろうか？　あの「グーググー」とか言って奇妙なポーズを取ってたおばさんだ。ほら、かすかな嫌悪感しか残ってないだろ？　そう。ブーム物は引き際が命。一種の文化的排泄物だからね。であるならば、きれいに流れて消えてくれないと困る。メディアが下水管である以上。

脳は、ブームみたいに爆発的に流行した。が、ブームみたいに簡単には消えなかった。だから、脳に関するあれこれは、新聞雑誌テレビの定番コーナーとして定着し、ひとつの地位を占めるに至った。そういうことだ。

並びとしては、女性誌の星占いページや、ワイドショーの血液型選手権と同じだ。なんというのか、「占い」「心理テスト」「風水」「性格診断イエスノーチャート」あたりのものが、いっしょくたに投げ込まれているカルチャーのカテゴリー。そのエトセトラの下世話指針コーナーの新顔ぐらいな扱いだろうか。編集部の人間は誰も信じていない。

だって、風水の先生をはじめ、このコーナーの情報源になっている専門家（なのか？）がいずれもイカモノであることは、歴代の担当編集者が身に染みて思い知らされているからだ。占星術のライターは虚言癖だし、俗流心理学で恋愛対策ページを作ってくる編プロの連中もマジで腐っている。誰も本気でやっているわけじゃない。でも、需要はある。っていうか、読者の反応は一番ビビッドだったりする。

「脳科学でわかる合コン突破術」は、実は、半年前にデッチ上げた「脳科学でイケる面接試験対処法十則」のあからさまな焼き直しなのだが、それでも反響は上々だ。返信ハガキもダントツ。だから削れない。毎月毎月よくもまあこんな適当なフカシを……と思いながらも、ファックス（↑いまだにメールが使えない）で送られてくる風水一口メモ情報をページに起こしながら、派遣エディターAは、次第に仕事への情熱を喪失していく。

とにかく、脳は、新手の疑似科学アイテムとして市民権を獲得した。

古くは血液型から始まって、様々なネタが、占いの代理を果たしてきた。占いを占いのまま乗せると、あまりにも前近代っぽく見えてしまうから。あるいは、インテリのミーハーは、科学的な粉飾を施していないオカルトを見下しているから。だから、過去にもEQ（↑心のIQだとさ）だの鏡の法則だのマーフィーのなんたらだのガネーシャだのといったそこら中から集めてきたガラクタの新機軸が、占いのフォーマットを一時的に賦活してきたのである。

基本は美容の世界と一緒だ。

新ネタを取り入れないと、業界自体がもたない。基本が目くらましだから。

メイクは自分らしさだと先生は言うが、むしろその言い方自体がメイクアップ（実態糊塗の表面美化術＝目くらまし）なのだよ。だって、本当に自分らしいナマの自分が美しかったら、そもそもメイクなんか不要なわけだから。ナマの自分で勝負できないからこそ、少女たちは、フレームアップした外見を獲得するべく、自分の顔に塗ったり描いたりを敢行している。善し悪しは別にして。そういうことだ。だろ？

人間が年を取るということは、これは動かしようのない宿命だ。美貌がそのほとんどを天性の資質に依っていることも。にもかかわらず、美容コーナーは、体表面の改善可能性や老化進行の阻止といった、不条理なゴールを設定せざるを得ない。で、そのあり得ないミッションを実現するために、コラーゲンだとか、ベータカロチンだとか、ヒアルロン酸だとか、ボツリヌス菌だとか、そういったケミカルなカタカナを並べて、迷彩を施しているわけだ。

占いの世界も同じだ。おしゃれな月刊誌は、迷信深いおしゃれさんのためにおしゃれなご託宣を調達してこなければならない。

で、ここに「脳」が浮上する。

なにしろ、脳は人間を動かしているものの大本てなことになっている。だから「○○のカギは脳が握っている」の「○○」には、どんな言葉でもハメコミ可能だ。成功、恋愛、合格、就職、育児、婚活、呪詛、金運アップ、デトックスなんでもござれ。万能だ。思考は実現する。暗示は万能。パラノイアに敵無し。しあわせはじぶんのこころがきめる。みつを。

「脳」は、「心」に置き換えることもできる。また、「脳」で書かれている文脈に「人格」や「個性」を代入しても話は成立する。つまり、実用上の効果として、脳科学のパラダイムを援用すれば、常にどこでもアカデミックな世間話が可能になるわけだ。より詳しく述べると、道具立てとして、「ミラーニューロン」だとか「前頭連合野《れんごうや》」だとか「セロトニン」だとかみたいな術語を散りばめつつ、お話のテーマ自体は、昔ながらの鉄板ネタで行く。かくして、「こころ」や「にんげん」や「恋」や「運命」や「相性」や「嫁姑」や「子育て」についての、十年一日の述懐が、装いを新たに繰り返される次第。めでたしめでたし。で、周辺サイトには、脳トレ、脳年齢、脳内メーカー、脳内物質、脳ドック、脳検定、脳マップ、ゲーム脳、ひらめき脳、脳トレパンみたいな便乗土産物商品が並べられる。脳といえる日本。ええ、ちょっとした観光地商売ですよ。脳内観光。またの名を妄想。

この3ヵ月ほど、「脳科学おばあちゃん」という人が注目を集めている。

「脳科学おばあちゃん」は、久保田カヨ子という今年77歳になる女性で、正式な肩書きは、久保田式脳力開発研究所の共同主宰者ということになる。夫は京都大学名誉教授の医学博士で、大脳連合野研究の第一人者として知られる久保田競氏。彼女は、学生結婚した時以来、夫の研究を手伝い独自に研究をすすめるうちに、脳科学を育児に応用する独自のメソッドを開発するに至ったのだそうだ。

で、彼女が「ためしてガッテン」で紹介されると、間もなく「エチカの鏡」でも特集され、つい先日は「金曜日のスマたちへ」にも出てきた。テレビは、後追いが好きだ。最近では、各局がスクラムを組んで互いの後を追い合って、ブームを増幅している。勝間和代が『はてブ』トルネード」(=ウェブ上で書評のブログを自己増殖させて、そのはてなブックマークを増やすことにより、さらに書評を増やし、アマゾンの売り上げを上げて、リアル書店に波及させる仕組み)と名付けた手法に近い。素晴らしい……かどうかはわからない。私見を述べるなら、あさましいと思う。あるいは勝間しい。

私は「金スマ」で、「脳科学おばあちゃん」を見た。

で、やっぱりちょっとシラけた。

「また、脳かよ」

と。

いんちきだとは思わない。

久保田カヨ子さんご自身は、痛快な女性だ。アタマの回転が速くて、ざっくばらんで、こわいものしらずで、実にテレビ向けのキャラクターだと思う。

言っていることも、言葉つきの乱暴さとは裏腹に、至極まともだ。

極端な主張をしているわけではない。

赤ん坊には、愛情を持って接すること。常に話しかけること。赤ちゃんの目に見えやすい、派手な色彩の衣服を身につけること……と、番組の中で紹介されていた断片的な「教え」は、どれも、常識的なお話ばかりだった。

でも、逆に言えば、彼女の教えは、日本中のおばあちゃんたちが言う「知恵袋」ライクな断片とそんなに変わらない。ひととおりの育児経験を持った、多少とも洞察力のあるご婦人なら、誰もがその直感で既に知っている程度のことでもある。

つまり、お話そのものは、モロな常識なのである。

ま、常識的で当たり前で、誰もが知っていることだからこそウケるという事情はわからないでもない。

人々は、新鮮な見解や、独自な理論や、聴いたこともない洞察を求めているわけではない。人々が喝采を送るのは、自分がずっと思っていたことをシンプルな表現で言い直してみせてくれた人の言葉や、かねてからの主張に根拠を与えてくれる言説に対してなのである。

その意味では、彼女が歓迎されるのはわかる。

が、それでも私は、彼女を起用している側の人々の意図に、インチキくささを感じとらずにはおれない。

でなくても、彼女の育児法なり存在なりを特集させているのは、「脳科学」という粉飾だというふうに思えて、すべてを鵜呑みにする気持ちにはなれなかった。

テレビは、「断言するパーソナリティー」を常に必要としている。

「〇〇に決まってるでしょ」

「××は、ダメ。こっちにしなさい」

と、明確な判断を提示してくれる人間を、視聴者が求めているからだ。

で、占い師や霊能家や風水師が召還されていたわけなのだが、脳科学おばあちゃんは、どうやら彼らの代わりに抜擢されそうな気配だ。自信満々だし、アドリブが効くし、なにより前向きだから。

占い師のカリスマを担保していたものが、霊能力（インチキ）と、押し出しと、背後関係（暴力団とか〈笑〉）だったことを考えれば、脳科学おばあちゃんの発言に信頼性を付加しているのが夫の肩書き（京都大学の名誉教授）とご子息の学歴（東大に行ったのだそうで）であるのだとしても、話としてはずいぶんマシなのかもしれない。

でもどうなのだろう。カリスマの所在が神秘主義から学歴信仰に移ったのは、これは、不況の影響だという気もする。

脳トレの川島教授も、クオリアの茂木健一郎氏も、脳科学おばあちゃんも、嘘を言っているわけではない。インチキをやらかしているのでもない。それぞれに、立派な研究をしているのだと思うし、まともな人たちだと思う。だから、彼らの著作や発言にきちんとした形で耳を傾ければ、それはそれで勉強になるのだろうとも思っている。

でも、「脳ブーム」が周辺に吐きだしている情報は、やっぱり怪しい。

茂木先生は、おそらく良い人なのだと思う。

知り合いの編集者は、「超がつくくらい良い人だ」と言っていた。

たぶん、事実なのだろう。

だから江原啓之みたいな人間との対談を断ることができない。

茂木先生の側には、ほとんどまったくノー・メリットで、江原の側にばかり巨大なオーラ効果（具体的には、疑似科学の分野の人間がアカデミズムのオーラを身につけるということ）がもたらされることは、誰の目にも明らかだったのに、だ。

とはいえ、仕事を断るのは、けっこう難しいことだ。

私も、基本的には、原稿依頼のオファーはすべて受けている。

政党の機関誌や宗教団体が出している雑誌であっても。よしんばエロ広告満載の男性月刊雑誌であってさえ。内容について執筆者の自由が確保されている限り、媒体にはこだわらないことにしている。

というよりも、全部受けるほかに方法が無いのだ。

「断るというオプションは無いよ」

と、この業界に入ったばかりの頃、ある先輩のライター（現在は大学の教授さんになっている）にアドバイスされたことがある。出版業界では、書き手は、執筆依頼を断らない。これは宿命らしいのだ。テーマとか、枚数とか、ギャラとか、そういう話ではない。全部受ける。丸呑み。それがライターの心意気なのだそうだ。

先輩のアドバイスは、

「ただ、書けないという結果はあり得る」

なるほど。

そうなのだな。依頼は了承しましたが、書けませんでした、と、これは、あってはいけないことだが、あり得る。っていうか、ありがちですらある。なんとなれば、人間には力量の限界があるし、ライターには執筆量のリミットがあるからだ。

限界なんて幻に過ぎないというご意見もあるだろう。限界を超えた先から振り返ってみれば、限界だと思っていたラインは、甘えなのだとかなんとか、俗流成功哲学の著者なら、必ずそう書くはずだ。

でも、限界はある。

脳科学のうさんくささは、脳に限界が無いというお話を、人間には限界が無いという前提にすり替えているあたりにある。

茂木先生は、仕事量のリミットを超えたところで、いくつか粗雑な仕事をしてしまっている。テレビに出ることになった文化人は、案外この種の罠にハマる場合が多い。

出演依頼を吟味できなくなって、うっかり江原と同席してしまったり、現場の空気で、対談を受けてしまったりということになる。

その意味では、自らの設定した低い限界を超えられずに、いくつかの仕事を投げだしそうになっているオダジマの方がマシなのかもしれない……という見方は、間違ってますね。

ええ、頑張りましょう。脳科学的には、負荷をかけるということが大切なようなので。

（「週刊ビジスタニュース」2009年7月）

オヤジの夢に課税せよ

ヨメさんの実家に顔を出すと、シルバーフォックスのコートを見せられる。学校の先生だった義母が「清水の舞台から飛び降りる気持ちで」買った、一世一代の買い物だ。

が、その銀鼠色のロングコートは、ほとんどまったく袖を通されることがなかった。というのも、義母は、その毛皮に合うようなブーツやドレスを持っていなかったし、区立小学校の教師の生活の中には、そもそも毛皮を着て出かけるような機会が生じなかったからだ。

しかも、その毛皮は、娘たちにまったく評価されなかった。というよりも、酷評の嵐を浴び続けた。私たちにはブーツ一足買い与えてくれなかったくせに、どこにこんなものを買うための資金があったのだ、と。

「背丈の無い人の毛皮は着ぐるみと一緒」

「失敗した成金趣味」

「値札の10分の1のエレガンスも無い」

「っていうか猟師に撃たれるんじゃない?」

「でなくても、猟犬に追われるわね」

そうこうするうちにご本人が高齢になり、昭和の銀狐は、簞笥の守り神として生涯を終えようとしている。

「時々拝んでそれでおしまい」

「お稲荷さんのキツネみたいなものね」

「いっそ箪笥に鳥居を付けるといいんじゃない？」

もちろん、娘は着ない。孫も。時代に逆行しているから。実際、毛皮のコートが自慢になる時代は、20年前には既に過ぎ去っていた。ソープのおねえさんたちでさえ、10年前には着て歩かなくなった。流行らないのみならず、毛皮は、「反社会的」で「愚か」な衣類ということになってしまっていた。

クルマは、まだ生きながらえている。そりゃそうだ。毛皮とは違う。単なるぜいたく品ではない。罪もない野生動物の生存を脅かしているわけでもない……と、クルマ好きの人たちはそう思っているかもしれない。

でも、ある種のクルマは、この先ミンクの毛皮みたいな調子で、市場から駆逐され、世間に指弾され、じきに人々の記憶から消えることになる。少なくとも「スーパーカー」は生き残れない。私はそう思っている。

一昨年の今頃、GT‐Rの最新型が発表された折り、ニッサンのゴーン会長は、この長らく眠っていた旗艦プロジェクトを再起動させた理由について「GT‐Rは私たちの情熱の証だからだ」と答えた。で、この印象的なコメントは、あらゆる新聞や雑誌に紹介され、一時期ジャーナリズムはGT-R一色になった*。

私は失笑した。プロパガンダだと思ったからだ。なんという提灯記事だ、と。

思うに、ニッサンのみならず、業界全体にとって、GT-Rは、最後の希望だった。花火大会の最後を飾るスターマインみたいな。

が、100㎞/h以上で走れる道が通っていないわが国の道路事情に、480馬力のエンジンを積んだマシンを投入することは、「情熱」の一言で説明できるお話ではない。スジとしては、中学校の購買部でタバコを売るのと変わらない。「買って眺めるのは良いけど吸っちゃダメだよ」てなことでマイルドセブンを売っておいて、それで喫煙した中坊を補導していれば、正義は貫徹されるのだろうか。そんなはずはない。罪はむしろ売店の側にあるはずだ。あるいは、警察に。

が、スーパーカーは作られ続け、売られ続けている。走る道路も走れる道理も無いのに。

どうかしていると思う。

いや、スピードが自己責任だという理屈は、よくわかっている。通常走行下の安全性を確保するためには、より高速な状況での挙動を研究せねばならない。そのことも承知している。

それでも480馬力は不要だ。トマトやきゅうりを切るのに日本刀が不要であるのと同じように、だ。あるいは、魚を焼くのにナパーム弾がオーバースペックであるのと同様の理路において。

それに、日本刀を携えたシェフが調理場を歩きまわることは、刀の持ち主の安全だけでなく、キッチン全体の平和を毀損する。当然だ。

なのに、お国は馬力規制（↑まあ、業界の自主規制だったのでしょうが）を事実上撤廃し、かくして、市場には数百馬力の国産車が並ぶようになっている。

ながらく、280馬力ということで、業界も道路もお国もユーザーもそれでなんとかやってきていたのに、どうしてこんな理不尽なことが起こったのだろうか。

クルマが国際商品だからか？

国際競争力を担保するためには、欧州標準の高速走行性能が求められているから、と、そういうことだろうか？

奇妙な話だ。

21世紀に入って、狐狩りはほぼ全面禁止に追い込まれている。サファリ観光はライフル抜きになり、毛皮の衣類はレッドカーペットから姿を消している。その他、地球に優しくないタイ

＊…日産GT－Rは、2007年に発表されたスポーツカー。480馬力のエンジンを持ち、サーキットだけでなく、アウトバーンなどの公道でも300キロを超える高速走行が可能な仕様。「新次元マルチパフォーマンス・スーパーカー」をうたっている。

プの贅沢品や野生動物の生存を脅かす生活習慣や祭りは、どれもこれも自粛を余儀なくされている。プロ野球優勝時のビールかけさえもが、だ。

なのに、スーパーカーはいまだに生き残っている。

なぜか。答えは経済だ。

産業化された娯楽はお目こぼしされ、経済の活性化に寄与するタイプの商品は、たとえそれが環境負荷のデカいブツであっても容認される。そういうことなのだな。

だからバンカーバスター（地中貫通爆弾）みたいな最新の兵器とGT－Rやマセラッティのようなスーパーカーは、その軍事的プレゼンスの大きさと、経済的インパクト（および「夢」の経済効果）の巨大さゆえに、生存を許されている。

つまるところ、お金持ちがカネを湯水のように費やす対象については、お上は、うるさいことを言わないわけだ。

オレら庶民に向けては、生活家電の待機電力を節約するために寝る時にはコンセントを抜けだとか、そういうたわけた教導をカマしているくせに、だ。

よろしい。タバコの値上げが検討されていることだし、ここは一番、鳩山さんには「馬力税」の導入を検討してほしい。

何？「夢」が無くなる、と？

いつまでガキみたいなことを言ってるんだ?

そうだ。いっそ、夢税でもいい。デカい税金をかけよう。有害だからね、オヤジの夢は。

思索機会としての入院について

入院患者は実に様々なことを考えている。たぶん、健康な人間の倍ぐらい。

いや、ものを考えるのが悪いと言っているのではない。考え過ぎるから病気になるんだ、とか、そういうスジの話をしたいのではない。むしろ逆だ。病院で休んでいるからこそ、人は色々なことを考える時間を持てるのだと思う。もしかすると、そうやって、普段考えないことを考えることによって、人は治癒して行くものなのかもしれない。たしかなことはわからないが。

むしろおかしいのは、外界にいる、自分で健康だと思っている人間たちの方だ。われわれは、あまりにもものを考える時間をないがしろにしている。

だから、たまに見舞いに行くとびっくりする。入院中の患者が、思いもよらぬ深い話を持ち出してくるからだ。そして、思うのだ。ああ、入院は人を哲学者にするんだなあ、と。

ここ数年、同年輩の知り合いが突然入院するケースが増えている。そういう年齢（この秋で52歳になる）になったということだ。私だっていつ同じ立場に立つ（っていうか、寝るわけだが）ことになるのか、わからない。

幸い、入院した知人の多くは、2週間から2ヵ月ぐらいで社会復帰している。痔だとか、アキレス腱だとか、椎間板ヘルニアだとか……もっと致命的な病気で苦しんでいる人から比べれば気楽な療養生活と言えば言える。

そんなふうに「軽い」病人だからなのか、彼らは、実に色々なことを考えている。なので、訪れた当方は驚かされる。というのも、現れた病人が、まるで人が違ったみたいに多弁だから。

入院してしばらくすると、患者は、説教くさくなるものなのかもしれない。

いや、説教とは違うのだ。わかっている。想定外の長時間をベッドの上で過ごした経験が、たくさんの思考を生み出すのだ。結果、患者は、他人に話したい話題を山ほどかかえることになる。

「なあ、お前もいっぺん考えた方がいいぞ」

と、だから、入院患者の話は、どうしても形而上的になる。そういうことなのだ。

どこまでも卑近で、ぬかりなく具体的で、がっかりするほど即物的で、あきれるほど事務的な、病院外で生きている我々のアタマの中味と比べて、入院して天井を見つめている彼らの関心事は、よりスピリチュアルで、哲学的で、深掘りな方向に向かっている。考えてみれば当然の話だ。

見舞いに来た客は、患者の話が、意外なほど大真面目で、時にはモロに前向きであったりすることに少なからず驚く。で、むしろ患者に勇気づけられる。いや、本当なのだ。見舞いに行って、逆に励まされるケースは、決して珍しくない。なにしろ、患者は、経験値を積んで、1ステージ分レベルアップしているわけだから。

思い出してみれば、私もそうだった。

23歳の時、新卒で入社した年の春に足を折った。で、40日ほど入院している間、余計なことを山ほど考えた。

もし、神様というようなものがいるんだとしたら……と、そんなことも。

「その神様は、おそらく、いきなりオレの運命を変えるようなことはしない。神は、むしろ、考える時間を与えるはずだ」

と。つまり、私にとっては、自分を見つめてみろ、というのが、その時点での神様のメッセージだったわけだ。

で、ついぞ自分を見つめる経験を持たない人間であった私（いえ、たまに自分を見つめるぐらいのことはしましたよ。半日しか持たなかっただけで）が、40日間、じっくりと来し方行く末について思いを馳せたのである。

ええ、だから説教を垂れましたよ。見舞いに来る連中を相手に。もう片っ端から。

「なあ、いつまでもこんな調子の生活が続くと思うなよ」

「人生っていうのは、お前の考えてるようなものじゃないぞ」

「自分が何者なのかも分からないままで、目先の仕事に追われていたら、それだけで10年ぐらいはすぐに過ぎちまうんだぞ」

と、そんなことを言っていた私は、結局、退院後しばらくして会社を辞めた。

それが正しい判断だったのかどうかは、いまもってわからない。

あるいは、考えすぎだったのかもしれない。

でもまあ、人間たまには考えすぎるべきだよね(笑)。

里山の自然と町の書店

当連載は今回で終了ということになった。

さよう。「終了」だ。それ以上でも以下でもない。

「卒業」とか、そういう言い方はしない。ごまかしだからだ。

私は連載を卒業して新たな段階に進むわけでもないし、別の形で何かを展開する予定を持っているわけでもない。とすれば、終了は終了と申し上げるほかにどうしようもない。あらゆるはじまりには、あらかじめ終わりが含まれている。さらば。フェアウェル。そういうことだ。

連載中におつきあいくださった読者のみなさんには、この場を借りてあらためてお礼を申し上げたい……と、この種のカタにハマったあいさつを、私は、この3年ほどの間に、いったいいくたび繰り返してきたことだろう。

噂の真相、朝日パソコン、論座、月刊現代、フッティバル、読売ウィークリー、m9、ラピタ……と、私が関わりを持っていた媒体だけでも、これだけの雑誌が廃刊に追い込まれている。まだあるかもしれない。が、思い出せない名前は既に忘れてしまった。この先、思い出すことがあるのかどうか。確信が持てない。

当メールマガジンの消長は、活字媒体の廃刊ラッシュとは若干性質の違う話であるのかもしれない。が、それでも、活字の世界がシュリンクしつつある事情は変わらない。われわれは、とても困った事態に直面している。

今回は、最後ということでもあるので、活字媒体の未来について考えてみたい。

とはいえ、いわゆる「出版不況」は、あまりにも頻繁に語られている。私自身、当連載の中で、詳しく論じた事情もある。なので、出版界全体の話には触れない。

問題は、書店だと思う。

なので、書店の話を書く。本屋さんの未来。町の本屋さんの立ち位置。あるいは、その跡地に咲く花について。

いや、草も生えないのかもしれないが。

ともあれ、この話は、避けられている。

書店がヤバいぞ、という話を、雑誌の世界の人間は、活字にすることを自粛しているということだ。

なぜなら、活字の最後の砦である場所についてのネガティブな情報を書くことは、自分のクビを締めることであり、それ以上に、取引先との関係をギクシャクさせるイヤな話だからだ。

でも、書店が非常にむずかしいところに来ていることは、まぎれもない事実だ。

人間が文字を読むという営為は、これは簡単には消滅しない。

その意味で、書籍も雑誌も、紙の上に活字で印刷されたものが流通し続けるのかどうかはともかく、媒体がどうなるのであれ、何らかの形で生き残ることにはなるはずだ。

とすれば、出版社も書き手も、激震に見舞われることにはなるのだろうが、丸ごと消えてなくなることはない。

文字を読む人間がいる限り、それを書く稼業は不滅だし、文字の形で流通する情報がある限り原稿の形で書かれた作品を供給する産業が滅びることはない。

でも、書店がどうなるのかは、不透明だ。

この先、紙媒体の書籍が減少して、ｉＰａｄやネット経由の形で文字が配信されるようになるのだとすると、書店の営業は、その分だけ確実に縮小せざるを得ない。

つまり、この10年ほどの間にＣＤショップや町の写真屋さん（ＤＰＥショップ）に対して起こってきたこと（整理と統合と消滅と閉鎖）が、書店にも起こるということだ。

いや、それは既に起こっている。

町の本屋さんは、なんだかものすごい速度で消滅しつつある。

特に、中小の書店は、「淘汰」というムゴい言葉が暗示するそのままの形で、今日も街角から消えている。

問題は、消えてしまったあとだ。

われわれは、おそらく、この先、書店とともに、非常に大切なものを失うことになる。

そして、その「大切な何か」は、コウノトリや、珊瑚礁や、清流に棲むサカナと同じように、一度失われたら、二度と再生できない。

気づいた時にはもう手遅れになっている。

気休めに人工呼吸を施す人々がいるかもしれないが、その作業とて、再生を期してのものではない。あきらめるための手続きみたいなものだ。どうせ。

書店は、これまで長い間、通常の意味合いで言う小売業とは性質の違う店舗として営業を続けていた。

というのも、書店の主力商品である「書籍および雑誌」は、普通の商店（八百屋さんや洋服屋さん）が扱っている一般的な商品（野菜や洋服）とは違って、再販制度に守られた特権的な商品だったからだ。

それゆえ、書店は、価格競争とは無縁だった。仕入れ値も売値もあらかじめキッチリと決まっていて、売れ残った場合には、返品も可能だった。

ということはつまり、書店は、仕入れた商品について、あまり大きなリスクを負っていなかったということだ。

一般の小売業者は、酒屋でも八百屋でもバラエティーショップでも、商品を仕入れた商店は、その商品について、リスクと責任を負わなければならない。

高い値段で仕入れた場合には、損をカブることになる。売れ残りは、当然、赤字覚悟で安売りせねばならない。店頭に長く置きすぎた商品は、そのまま廃棄せざるを得ない。というのも、個人営業の小売店には、不良在庫を置く余裕など無いし、ほとんどの業界は、無条件の返品を認めていないからだ。

つまり、商売人が商売人であるためには、商品を見極める目と、それを販売する腕が不可欠で、それに加えて、一定の勇気を持っていないと、ブツを仕入れることはできないということだ。

そこのところで、書店は、あまりリスクを冒さずに商売をやってきた。

それだけに、転換は難しい。

仮に一等地に店舗を構えているのだとしても、経営者に商人としての覚悟と資質が備わっていないと、業態を変えることは簡単ではない。そういうことだ。

さて、とはいうものの、書籍は、バナナやブラウスではない。

時節に合わせて安売りして良いものではないし、売れるものだけを並べていればそれで商売になるというものでもない。

そもそも、書籍は、多品種少量生産の特殊な現場から流れてくる、極めて特殊な商品だ。市場も特殊なら顧客も特殊だ。しかも、書店員は、その極めて多彩かつ偏頗《へんぱ》な商品のひとつひとつについて詳細な商品知識を持っているのでなければ、店頭に立つことができない。とすれば、書店員の資質が普通の商人と違っているのは、むしろ当然の話で、むしろ、彼らがあたりまえな商売人であったら、世も末だと、そういうふうに考えなければならない話なのである。なんとなれば、書店員が売っている当のものは、商品である前に文化であり、文化である以上、それは決して安売りしてはならないものだからだ。

で、とにかく、書店は消える。

と、客であったわれわれの習慣も失われる。

たとえば、本を探す時間が、われわれの一日のスケジュールから消える。

これは、良いことなのだろうか？

私はそうは思わない。

検索という考え方からすると、対象を探す時間は短いほど良い。

探している対象のものが即座に見つかれば、それだけ効率的だし、時間の節約にもなるということだ。

探している本が明確であるのなら、たしかに、検索時間は短いほど良いのかもしれない。

お目当ての本が収められている書棚に到達するのに30分かかるのだとしたら、それは時間のロスというヤツだ。

その意味では、そもそも、書籍は、パソコンなりネット端末の画面上で検索した方が良いのだろう。

が、「ブラウズ」ということになると話は別だ。

「どんな本を読みたいのかが自分でもはっきりしていない」時には、本を探す時間は、たっぷり確保されていた方が良かったりするのだ。

そして、われわれが自分を変えるような運命の本に出会うのは、実は、何を探しているのかについて、あらかじめ予断を持っていない時なのだ。

書店に通う習慣を持っている人間は、行きつけの書店の品揃えについて、おおまかなマップを持っている。もちろんアタマの中にだ。

だから私は、特定の書店の、どのフロアのあたりにどんな本があって、どこに新作が並べられ、どのあたりに気になる本が揃っているのかを、ゆっくりとチェックしながら、店内を巡回してゆく。

この時間は、ムダな時間ではない。

むしろ、豊かな時間だ。

結果として、何も買わない時もあるし、気になる本が見つからない時もある。

が、歩いた時間は無駄にはなっていない。

書店をひとあたりブラウジングした結果、私はある一定の満足感を得ている。アタマの中が整理された感じさえある。なんというのか、書店逍遥は、ある人々にとっては、ストレスの解消にもなっているということだ。

それだけではない。ある程度以上書籍の海を歩いた経験を持つ人間には、独特のカンのようなものが宿る。

どういうことなのかというと、「読むべき本」の背表紙が、目に飛び込んでくるようになるのだ。

で、その、気になる本を手に取って、眺めてみる。

装丁をチェックし、目次を流し読みし、冒頭の2ページほどをざっと読んでみる。

これで、おおよそのところはわかる。いま、手に取っている書籍が、即座に買うべき本であるのか、とりあえず位置を覚えておくべき本なのか、でなければ、このまま二度と開かずにおくべき本であるのかを、その20秒ほどのルーティンで判断するのだ。

こういうことは、検索画面からは感知できない。装丁や字組や冒頭の文体から立ちのぼってくるいわく言い難い「ムード」は、液晶画面からは感じ取れない。やはり、現場で、手に取って、開いてみないと、本当のところは、どうしてもわからないものなのだ。

もちろん、iPadで読む文字にだってきちんと情報は載っているだろうし、ウェブ経由の文字で何が積み残されるということもないはずだ。が、強弁すればだが、デジタルの書籍には、「行間」が欠けているのではなかろうか、と、私はそこのところを懸念しているのである。

ずっと昔、昭和40年代の中頃まで、私は、夏になると静岡県内にある母親の実家に遊びに行くことになっていた。

そこは、小学校の低学年であった私にとって、天国のような場所だった。実家のすぐ下を流れる冷たい清流には、夜になると蛍が飛んで来たし、少し離れた支流には、ウナギや、ヤマメや、名前も知らないサカナが沢山泳いでいた。そのほか、トカゲや、カナヘビや、雑多な昆虫がそれこそ、うなるほど密集している奇跡のような土地だった。が、ほどなく、高速道路が通り、開発が進むと、小川は埋め立てられ、湖に注ぐ支流は、濁流になっていた。

蛍は消え、各種の魚も、フナのような濁った水に棲む種類の生き物を除いてほぼ全滅した。中学生になる頃には、カエルやザリガニまでが滅多に見られないようになった。

で、私が「いなか」と呼んでいたそのあたりは、いまでは、日本中のどこにでもある凡庸な地方都市の郊外に広がるありきたりな住宅街に化けている。清流が暗渠になっているくせに、下水道が完備しているわけでもないあまたある特徴のない平凡な町に、だ。

何を言いたくて、こんな話をしているのかというと、書店が消えた後に、いったい街に何が残って、そこがどんな場所になるのか、私にはイメージが湧かないのだ。

だから、田舎の清流がどうしたとかいったセンチメンタルな描写を書き連ねてお茶を濁しているわけで、要するに私は途方に暮れているのであるよ。

たぶん、閉店した大型書店の跡地には、百円均一商品を販売する店だとか、一日中ビラを撒いている美容院だとか、携帯電話のショップだとかが入ることになる。あるいは、ニヤニヤ顔の経営者が自慢話ばかりしているチェーンの居酒屋の新店舗がまたぞろ仰々しくオープンするのだろう。そこまでは見当がつく。でも、だとすると、土曜日の何時間かを書店のフロアで過ごしていた孤独な若者の休日は、この先、どうやって展開すれば良いのだ？　あるいは、新幹線に乗る前に、早めに家を出て、八重洲ブックセンターで出張用の書籍を物色する習慣を持っていた営業部員の奥ゆかしい心根は、何によって報われることになるのだろう。そこのところが私にはどうしてもわからないのだ。

おそらく、われわれの未来は、蛍が飛ばなくなった地方都市の、ザリガニしか棲んでいない川みたいな匂いをたてるようになる……って、こんな終わり方で良いのだろうか。

良くない。

後味が悪いからね。こういうのは。

せめて、最後ぐらい、明るい希望に満ちた言葉を言うことにしよう。

シー・ユー・アゲイン。

（「週刊ビジスタニュース」2010年5月）

あとがき

本書は私用ハードディスク（とDropbox）内の「原稿」フォルダから、書籍化の予定を持たないテキストをサルベージした結果なのだが、編集を終えてみると、全タイトルの半ば以上を「大日本観察」という連載コラムから採録した原稿が占めている。

「大日本観察」は、ソフトバンククリエイティブがかつて発行していた「週刊ビジスタニュース」というメールマガジンに連載していたコラムで、テーマも文字数も自由なら、〆切のタイミングもある時払いの催促なしという、夢のような仕事だった。

担当してくれた上林達也氏に、この場を借りて感謝の気持ちを伝えておきたい。

本書を編集してくれた晶文社の安藤聡氏にも、感謝と慰労とお詫びの言葉を述べておく。いくつかの原稿について、出典を思い出すことができなかったのは、私の罪だ。「おい、オレのところの仕事だぞ」と思った編集者は、ご一報いただけるとありがたい。

重版の折に、なにか報いることができればと思っています。ごめんなさい。

２０１６年10月　小田嶋隆

小田嶋 隆（おだじま・たかし）

1956年、東京都生まれ。早稲田大学卒業後、食品メーカーに入社。

1年ほどで退社後、小学校事務員見習い、ラジオ局ADなどを経て
テクニカルライターとなり、現在はひきこもり系コラムニストとして活躍中。

著書に『小田嶋隆のコラム道』（ミシマ社）、

『地雷を踏む勇気』『もっと地雷を踏む勇気』（共に技術評論社）、

『その「正義」があぶない。』『場末の文体論』『超・反知性主義入門』（共に日経BP社）、

『友だちリクエストの返事が来ない午後』（太田出版）、

『ポエムに万歳！』（新潮文庫）、

『「踊り場」日本論』（岡田憲治との共著、晶文社）などがある。

ザ、コラム
2016年10月30日　初版
著者 小田嶋隆

発行者 株式会社晶文社
東京都千代田区神田神保町1-11　〒101-0051
電話 03-3518-4940（代表）・4942（編集）
URL http://www.shobunsha.co.jp
印刷・製本 ベクトル印刷株式会社

 ISBN978-4-7949-6938-5 Printed in Japan